# Méditer au quotidien

Titre original : *Mindfulness in Plain English*

Vénérable Henepola Gunaratana

# Méditer au quotidien

## Une pratique simple du bouddhisme

Traduit de l'anglais par Gilbert Gauché

MARABOUT

À mes parents, mes maîtres,
et à tous ceux qui cherchent la libération de la souffrance.

# Sommaire

Préface .......... 9

Introduction .......... 11

La méditation : quel intérêt peut-elle avoir pour vous ? .......... 18

Ce que la méditation n'est pas .......... 33

Ce qu'est la méditation .......... 50

L'attitude .......... 65

La pratique .......... 72

Que faire de votre corps ? .......... 95

Que faire de votre mental ? .......... 102

Structurer votre méditation .......... 117

Pratiques d'accompagnement .......... 128

Traiter les problèmes .......... 140

Traiter les distractions I .......... 164

Traiter les distractions II .......... 172

L'Attention *(Sati)* .......... 194
Attention et concentration .......... 210
Méditer dans la vie quotidienne .......... 221
Que pouvez-vous attendre de votre méditation ? .......... 238
Le pouvoir de l'amitié-bienveillance .......... 248
Index .......... 278

# Préface

L'expérience m'a prouvé que la manière la plus efficace de se faire comprendre est de parler le plus simplement possible. Enseigner m'a également appris que plus le langage est formel, moins il porte. L'auditoire ne réagit pas à une forme rigide et sévère, tout particulièrement lorsque le sujet enseigné ne fait pas partie de ses activités normales dans la vie quotidienne.

Aux yeux des gens, la méditation paraît être une activité difficile à entreprendre. Mais, à mesure que grandit le nombre de ceux qui s'y adonnent, le besoin d'instructions plus simples se développe pour permettre de pratiquer par soi-même, sans la présence d'un instructeur. Ce livre répond aux demandes de nombreux méditants ayant besoin d'un manuel très simple, écrit dans la langue de tous les jours.

En le préparant, j'ai été aidé par nombre de mes amis. J'ai une grande reconnaissance envers tous. Je souhaite spécialement formuler ma très vive appréciation et ma sincère gratitude à John Patticord, Daniel J. Olmsted, Matthew Flickstein, Carol Flickstein, Patrick Hamilton, Genny Hamilton, Bill Mayne, Bhikkhu Dang Pham Jotika et Bhikkhu Sona pour leurs très précieux commentaires, suggestions et critiques de nombreux points lors de la préparation de cet ouvrage. Merci également à la révérende sœur Sama et à Chris O'Keefe pour leur assistance dans nos efforts d'édition.

H. Gunaratana Mahathera
Bhavana Society
Rte. 1, Box 218-3
High View, WV 26808
7 décembre 1990

(*N.d.T.*) Le traducteur souhaite remercier Christiane Laurent et Michelle Leblanc pour leur aide précieuse à la correction et à la mise en forme du texte français.

# Introduction

## Le bouddhisme occidental

Le sujet de ce livre est la pratique de la méditation Vipassana[1]. Je répète : la pratique. C'est un manuel de méditation, un guide expliquant pas à pas comment faire fonctionner les rouages de la méditation de la vision intérieure. Il est fait pour être utilisé.

De nombreux ouvrages existent déjà sur le bouddhisme en tant que philosophie et sur les aspects théoriques de la méditation bouddhique. Si c'est ce qui vous intéresse, nous vous invitons instamment à les lire. Nombre d'entre eux sont excellents. Ce livre est un « comment faire ». Il est écrit pour ceux qui veulent réellement méditer et spécialement pour ceux qui veulent commencer maintenant. Très peu d'instructeurs qualifiés de la méditation de type boudd-

1. *Vipassana* : « vision intérieure », voir p. 15.

hique existent en Occident. Aussi notre intention est-elle de vous donner les éléments de base dont vous avez besoin pour commencer et vous permettre de décoller. Seuls ceux qui auront suivi ces instructions pourront nous dire si nous avons réussi. Seuls ceux qui méditent réellement, régulièrement et avec diligence, pourront juger notre effort. Toutefois, aucun livre ne peut couvrir tous les problèmes qu'un méditant risque de rencontrer. Le moment venu, il vous faudra un instructeur qualifié. Entre-temps, vous trouverez ici les règles de base. Une complète compréhension de celles-ci vous fera parcourir un très long chemin.

Il y a de nombreuses formes de méditation. Chaque grande tradition religieuse possède des techniques qu'elle appelle méditation, et le terme est souvent employé de manière vague. Veuillez bien comprendre que ce manuel traite exclusivement de la méditation de type Vipassana, telle qu'elle est pratiquée et enseignée dans le bouddhisme d'Asie du Sud et du Sud-Est. Elle est souvent traduite par « méditation de la vision intérieure », car le but de cette pratique est de donner au méditant une vision intérieure de la nature de la réalité et une compréhension exacte des choses.

Le bouddhisme dans son entier est très différent des religions théologiques auxquelles les Occidentaux sont le plus habitués. C'est une entrée directe dans un royaume spirituel ou divin sans s'adresser à des divinités ou à d'autres « agents ». Son atmosphère est essentiellement « clinique », beaucoup plus proche de ce que nous appellerions normalement la psychologie que de ce que nous appelons d'habitude la religion. C'est une investigation constamment approfondie de la réalité, un examen au microscope du processus même de la perception. Son intention est de déchirer l'écran de mensonges et d'illusions à travers lequel nous voyons normalement le monde, et de révéler ainsi le visage de la réalité ultime. La méditation Vipassana est à cette fin une ancienne et élégante technique.

Le bouddhisme Théravadin[1] nous offre un système efficace pour explorer les couches profondes de l'esprit, jusqu'à la racine même de la conscience. Il offre aussi un système considérable de pratiques dévotes et de rituels au sein desquels ces techniques sont contenues. Cette belle tradition est le résultat naturel de deux mille cinq cents ans de développement dans les cultures éminemment traditionnelles de l'Asie du Sud et du Sud-Est.

Dans cet ouvrage, nous mettrons tout notre effort à séparer le fondamental de l'ornemental et à présenter seulement la vérité pure et nue. Les lecteurs ayant une inclination envers les rituels peuvent étudier les pratiques du Théravada dans d'autres livres. Ils y trouveront un vaste trésor de cérémonial et de coutumes, une riche tradition pleine de beauté et de signification. Ceux plus portés à un esprit clinique peuvent simplement utiliser les techniques elles-mêmes, en les appli-

---

1. Théravadin : le bouddhisme de la « Doctrine des Anciens » (Théravada). Il s'agit de la forme la plus ancienne des enseignements du Bouddha. Elle nous a été transmise en langue pali. Selon la tradition, son nom provient de ce qu'elle aurait été fixée par 500 grands Anciens de l'Ordre, peu de temps après le décès du Maître. *(N.d.T.)*

quant dans un contexte philosophique ou émotionnel choisi. La pratique présentée ici se suffit à elle-même.

La distinction entre la méditation Vipassana et d'autres types de méditation est cruciale et doit être comprise complètement. Le bouddhisme en comporte deux types majeurs. Ils correspondent à des capacités mentales, des modes de fonctionnement ou des qualités de la conscience différents. En pali, la langue originale des écritures du Théravada, ils sont appelés « Vipassana » et « Samatha ».

*Vipassana* peut être traduit par « vision intérieure »[1]. C'est une conscience claire et exacte de ce qui se passe pendant que cela se passe. « Samatha » peut être traduit par « concentration » ou « tranquillité ». C'est un état dans lequel l'esprit est amené à se tenir concentré sur un objet unique et sans qu'il lui soit permis de s'en éloigner. Quand c'est accompli, un calme profond se répand dans le corps et l'esprit, un état de tranquillité qui doit être ressenti pour être compris. La plupart des systèmes de méditation insistent sur la composante Samatha. Le méditant concentre son esprit sur un objet donné, par exemple une prière, un certain type de boîte, un chant, la flamme d'une bougie, une image religieuse ou quelque autre objet que ce soit, et il exclut toute autre pensée ou perception de sa conscience. Il en résulte un état de ravissement qui dure jusqu'à ce que le médi-

1. Nous avons adopté en français le terme de « vision intérieure », qui nous paraît plus large et mieux adapté que ceux de « vision pénétrante » ou d'introspection. Il faut comprendre cette « vision intérieure » comme une faculté ordinairement non développée permettant une introspection objective liée à une claire compréhension de la nature des phénomènes perçus. (*N.d.T.*)

tant interrompe sa méditation. C'est beau, délicieux, significatif et tentant, mais temporaire. La méditation Vipassana concerne l'autre composante : la vision intérieure.

Le méditant Vipassana utilise sa concentration comme un outil grâce auquel sa conscience peut effriter petit à petit le mur d'illusions qui le sépare de la lumière vivante de la réalité. C'est un processus progressif de constante croissance de la conscience et de la perception des mécanismes intérieurs de la réalité même. Cela prend des années, mais un jour le méditant perce le mur et tombe sur la présence de la lumière. La transformation est complète. On l'appelle Libération, et elle est permanente. La Libération est le but de tous les systèmes de pratique bouddhiques. Mais les chemins pour l'atteindre sont très divers.

Au sein du bouddhisme existe un nombre considérable de sectes distinctes. Elles se divisent en deux larges courants de pensée : le Mahayana et le Théravada. Le bouddhisme Mahayana prédomine en Extrême-Orient, colorant les cultures de la Chine, de Corée, du Japon, du Népal, du Tibet et du Viêtnam. Le plus largement connu parmi les systèmes mahayanistes est le zen, pratiqué principalement au Japon, en Corée, au Viêtnam et aux États-Unis. Le système Théravadin prévaut en Asie du Sud et du Sud-Est, à Ceylan, en Thaïlande, en Birmanie, au Laos et au Cambodge. Ce manuel concerne la pratique du Théravada.

Les écritures traditionnelles du Théravada décrivent les deux techniques de Samatha (concentration et tranquillité de l'esprit) et de Vipassana (vision intérieure ou claire conscience). Dans les écritures, quarante sujets différents de méditation sont décrits. Ils sont recommandés en tant qu'objets de concentration et sujets d'investigation menant à la vision intérieure. Étant donné que le présent ouvrage est un manuel de base, nous limiterons notre discussion au plus fondamental des sujets recommandés : la respiration. Notre propos constitue une introduction à l'obtention de l'Attention[1], au moyen de l'attention pure et de la compréhension claire, portées sur le processus complet de la respiration. En utilisant la respiration comme objet principal pour la concentration de son attention, le méditant exerce une observation « participative » sur la totalité de son propre univers de perception. Il apprend à observer les changements qui se produisent dans ses expériences physiques, ses sensations, ses émotions et ses perceptions. Il apprend à étudier ses propres activités mentales et les fluctuations dans le caractère de la conscience elle-même. Tous ces changements se produisent perpétuellement et sont présents à chaque moment de nos expériences.

La méditation est une activité vivante, une activité dont l'essence même est expérimentale. Elle ne peut être enseignée comme un sujet purement scolaire. Le cœur vivant du processus doit venir de l'expérience personnelle propre à

1. Nous avons retenu le mot Attention (écrit avec une majuscule) pour traduire l'anglais *mindfulness* – littéralement « plénitude mentale » – utilisé par l'auteur pour rendre le pali *Sati*. Cette Attention doit être comprise comme distincte de l'attention ordinaire que nous connaissons, et même de l'attention pure comme il apparaît ici même. Le chapitre « L'Attention », p. 194, apporte de nombreuses précisions sur les caractéristiques de l'Attention. *(N.d.T.)*

l'instructeur. Néanmoins, il existe un vaste fonds d'enseignements codifiés sur le sujet, qui est l'œuvre de certains des êtres humains les plus intelligents et les plus profondément illuminés ayant jamais foulé le sol de la planète. Cette littérature mérite attention. La plupart des points indiqués dans ce manuel sont tirés du Tipitaka, l'ouvrage de compilation en trois parties dans lequel ont été préservés les enseignements originaux du Bouddha. Le Tipitaka comprend le Vinaya, le code de discipline pour les moines, les nonnes et les laïcs, les Suttas, discours publics attribués au Bouddha, et l'Abhidhamma, un ensemble de profonds enseignements psycho philosophiques.

Au Ier siècle de l'ère chrétienne, un éminent érudit bouddhiste appelé Upatissa écrivit le Vimuttimagga (Le Chemin de la Liberté), dans lequel il résuma l'enseignement du Bouddha sur la méditation. Au Ve siècle, un autre grand érudit, Buddhaghosa, couvrit le même sujet en une seconde thèse scolastique, le Visuddhimagga (Le Chemin de la Purification), qui constitue encore aujourd'hui le texte standard sur la méditation. Les instructeurs modernes s'appuient sur le Tipitaka et sur leur propre expérience. Notre intention est de vous offrir les instructions les plus claires et les plus concises. Mais ce manuel vous ouvre seulement la porte. Il dépend de vous de faire quelques pas sur la route de la découverte de votre être et de ce que cela signifie. C'est un voyage qui vaut la peine. Nous vous souhaitons de réussir.

# La méditation : quel intérêt peut-elle avoir pour vous ?

La méditation n'est pas facile. Elle prend du temps et de l'énergie. Elle demande d'avoir du cran, de la détermination et de la discipline. Elle requiert une foule de qualités personnelles que nous considérons normalement comme exigeantes et que nous aimons éviter autant que faire se peut. Nous pouvons les résumer en deux mots : courage et aventure. C'est certainement beaucoup plus facile de simplement se laisser aller, de regarder la télévision. Aussi, pourquoi s'en préoccuper ? Pourquoi dépenser toute cette énergie et tout ce temps alors que vous pourriez l'utiliser pour sortir et vous amuser ? Pourquoi ? C'est simple. Parce que vous êtes un être humain. Et que de ce fait vous êtes l'héritier d'une insatisfaction inhérente à la nature humaine qui ne vous quitte pas. Vous pouvez la supprimer de votre conscience pendant un temps. Vous pouvez vous distraire pendant des heures, mais elle revient toujours, et généralement lorsque vous vous y attendez le moins. Tout à coup, comme si elle tombait du ciel, vous vous redressez, vous faites le point et vous comprenez votre véritable situation dans la vie.

D'un seul coup, vous prenez conscience que vous consacrez la totalité de votre vie à vous en sortir tout juste. Bien sûr, vous sauvez la face. Vous arrivez à joindre les deux bouts, à avoir l'air en forme, vu de l'extérieur. Mais le désespoir, les moments où vous avez l'impression que tout vous tombe dessus, vous les gardez pour vous-même. C'est un vrai gâchis. Et vous le savez. Mais vous le cachez très bien. En même temps, quelque part, bien en dessous de la surface, vous savez qu'il faut qu'existe une autre façon de vivre, une meilleure manière de voir le monde, un moyen de toucher la vie plus complètement. Et cela vous arrive. Par hasard, de temps en temps. Vous décrochez un bon job. Vous tombez amoureux. Vous marquez des points. Pendant un temps, les choses sont différentes. La vie revêt une richesse et une clarté qui font s'évanouir les mauvaises passes et la monotonie de la routine. Toute la texture de votre expérience est changée et vous vous dites : « Ça y est. J'ai gagné. Maintenant, je vais être heureux. » Et puis, c'est reparti. Une fois de plus, tout s'évanouit comme la fumée dans les courants d'air. Il ne vous reste qu'un souvenir. Et la vague connaissance que quelque chose va de travers.

Mais il existe réellement un autre royaume de profondeur et de sensibilité disponible. Simplement, vous ne le voyez pas. Vous en arrivez à vous sentir isolé, coupé de tout. Vous avez l'impression d'être séparé de la saveur de l'expérience par une enveloppe de coton. Vous ne touchez pas vraiment la vie. Vous ne gagnez plus. Et puis, même ce vague sentiment disparaît. Vous voici de retour dans la vieille réalité. De nouveau, le monde a l'air d'un guêpier, ennuyeux et insipide. Pour le mieux, ce sont de véritables montagnes russes émotionnelles. Vous passez une grande partie de votre temps en bas de la rampe, gémissant après les sommets.

Alors, qu'est-ce qui ne va pas ? Vous êtes malade ? Anormal ? Non. Vous êtes simplement humain. Et vous souffrez de la maladie même dont tous les êtres humains sont affectés. C'est un monstre à l'intérieur de nous tous, qui possède de nombreux aspects : stress chronique, manque de compassion véritable pour les autres, y compris pour ceux qui nous sont les plus chers, sentiments érodés, torpeur des émotions. De très nombreux aspects, vraiment. Aucun de nous n'en est entièrement libéré. Nous pouvons le nier. Essayer de le supprimer. Construire une culture entière autour de lui, faisant comme s'il n'était pas là, et nous distrayant pour éviter sa présence avec des buts, des projets et des honneurs. Mais il ne s'en va jamais. C'est un courant sous-jacent à chaque pensée, à chaque perception. Une petite voix dans la tête qui n'arrête jamais de dire : « Ce n'est pas encore cela, c'est insuffisant. Il m'en faut plus. Il faut que ce soit mieux. » C'est un monstre, un monstre qui se manifeste partout, sous des formes subtiles.

Allez à une soirée. Écoutez les rires, ces voix légèrement crispées qui rient en surface et pleurent en dessous. Sentez la tension, la pression. Personne n'est vraiment détendu. On fait semblant. Allez à un match. Observez les supporters. Voyez les accès de colère irrationnels, la frustration incontrôlée qui s'exprime sous le voile de l'enthousiasme ou de l'esprit d'équipe. Les huées, l'égoïsme sans retenue au nom de la loyauté d'équipe. La boisson, les bagarres. Tous ces gens qui, désespérément, essayent de relâcher leur tension intérieure. Ce ne sont pas des gens en paix avec eux-mêmes. Observez les informations à la télévision. Écoutez les paroles des chansons à succès. Partout, vous trouvez le même thème sous des variantes : jalousie, souffrance, mécontentement et stress.

La vie ressemble à une lutte perpétuelle, à un formidable effort avec un taux de réussite infime. Et quelle est notre solution à toute cette insatisfaction ? Nous nous empêtrons dans le syndrome du « si seulement ». Si seulement j'avais plus d'argent, alors je serais heureux. Si seulement je pouvais trouver quelqu'un qui m'aime vraiment, si seulement je pouvais perdre 10 kg, si seulement j'avais une télé couleur, un jacuzzi, de beaux cheveux, et ainsi de suite, sans fin. Alors, d'où vient tout ce gâchis ? Il vient des conditions de notre propre esprit. C'est un ensemble d'habitudes mentales profondes, subtiles et envahissantes, un nœud gordien que nous avons construit petit à petit et que nous pouvons dénouer de la même façon, une chose à la fois. Nous pouvons accorder notre conscience, draguer chaque épave et l'amener à la lumière. Nous pouvons rendre l'inconscient conscient, doucement, pas à pas.

L'essence de notre expérience est le changement. Le changement est incessant. D'instant en instant, la vie s'écoule et n'est jamais la même. L'altération perpétuelle est l'essence de l'univers de perception. Une pensée apparaît dans notre esprit, et une demi-seconde plus tard elle est partie. Une autre se présente, et la voici partie également. Un son frappe à nos oreilles, et c'est le silence. Ouvrez les yeux, et le monde entre à flots, fermez-les, il est parti. Les gens font irruption dans votre vie et repartent. Les amis disparaissent. Les membres de la famille meurent. La chance grimpe et descend. Parfois vous gagnez et aussi souvent vous perdez. C'est un incessant changement. Changement. Changement. Deux moments ne sont jamais semblables. Il n'y a rien de mal à cela. C'est la nature de l'univers. Mais la culture de l'humanité nous a enseigné de bizarres réponses à ce flux incessant. Nous rangeons les expériences dans des catégories. Nous essayons de faire entrer chaque perception, chaque changement mental de ce courant sans fin dans l'un des tiroirs suivants : bien, mal, sans intérêt. Ensuite, selon celui que nous avons utilisé, notre perception s'effectue à travers un jeu de réponses mentales standardisées.

Si une perception particulière a été étiquetée « bonne », nous essayons de figer le temps juste à cet instant. Nous nous accrochons à cette pensée particulière, nous la caressons, nous l'embrassons et essayons de l'empêcher de s'échapper. Lorsque nous n'y parvenons pas, nous mettons tous nos efforts pour répéter l'expérience qui l'a produite. Nous appellerons cette habitude mentale « s'attacher ».

De l'autre côté du mental se trouve le tiroir qui porte l'étiquette « mal ». Lorsque nous percevons quelque chose de « mal », nous essayons de le repousser. Nous essayons de le nier, de le rejeter, de nous en débarrasser de toutes les manières possibles. Nous nous battons contre notre propre expérience. Nous fuyons des parties de nous-même. Nous appellerons cette habitude mentale « rejeter ».

Entre ces deux réactions se trouve le tiroir « neutre ». Là, nous rangeons les expériences étiquetées ni « bien » ni « mal ». Elles sont tièdes, neutres, sans intérêt et ennuyeuses. Nous les y rangeons pour pouvoir les ignorer et reporter notre attention là où l'action se trouve, c'est-à-dire sur notre incessant manège de désirs et d'aversions. Toute cette catégorie d'expériences est dépouillée de sa juste part d'attention. Nous appellerons cette habitude mentale « ignorer ».

Le résultat direct de cette folie est une perpétuelle course vers nulle part, une bataille incessante pour le plaisir, une fuite sans fin devant la douleur et l'ignorance perpétuelle de 90 % de notre expérience. Vous vous demandez pourquoi la vie a un goût si fade ? En fin de compte, c'est un système qui ne marche pas. Aussi grand soit l'effort dans votre poursuite du plaisir et du succès, il vous arrive d'échouer. Aussi rapide que vous soyez pour éviter la souffrance, elle vous rattrape parfois. Et, entre ces deux moments, la vie est ennuyeuse à en pleurer. Nous avons construit des murs autour de nous et sommes pris au piège dans la prison de nos propres mensonges et de nos aversions. Nous souffrons.

Souffrance est un grand mot dans la pensée bouddhique. C'est un terme clef qu'il faut comprendre entièrement. Le mot pali est *dukkha,* et il ne signifie pas simplement la douleur du corps. Il signifie le profond, subtil sens d'insatisfaction qui fait partie de chaque moment mental et qui résulte directement de la routine du fonctionnement mental. L'essence de la vie est souffrance, a dit le Bouddha. À première vue, cela semble excessivement morbide et pessimiste. Et même faux. Après tout, il y a bien des fois où nous sommes heureux, n'est-ce pas ? Non, il n'y en a pas. Cela semble seulement le cas. Prenez n'importe quel moment où vous vous sentez réellement comblé et examinez-le attentivement. Sous la joie, vous trouverez ce fin courant sous-jacent de tension qui pénètre tout, et, aussi merveilleux que soit cet instant, il va se terminer. Aussi grand soit ce que vous venez de gagner, vous allez en perdre une partie ou passer le reste de votre vie à préserver ce que vous possédez ou à faire des plans pour gagner plus. Et, en fin de compte, vous allez mourir. À la fin, vous perdrez tout. Tout est éphémère.

Plutôt triste, n'est-ce pas ? Heureusement, ce n'est pas le cas. Pas du tout. C'est seulement désolant lorsque vous voyez les choses depuis le niveau ordinaire de la perspective mentale, celui où fonctionne la machine mentale. En dessous de ce niveau se trouve une tout autre perspective, une manière complètement différente de regarder l'univers. C'est un niveau où le mental n'essaye pas de fixer le temps, où nous ne nous attachons pas à notre expérience à mesure qu'elle se déroule, où nous n'essayons pas de repousser les choses au-dehors et de les ignorer. C'est un niveau d'expérience au-delà du bon et du mauvais, au-delà du plaisir et de la peine. C'est une manière merveilleuse de percevoir le monde, et c'est un talent qui peut s'apprendre. Ce n'est pas facile, mais cela s'apprend.

Bonheur et paix. Voilà véritablement les deux espoirs majeurs de l'existence humaine, ce que nous recherchons tous. Il est parfois difficile de le percevoir, car nous recouvrons ces objectifs essentiels par des objectifs de surface. Nous voulons de la nourriture, de l'argent, des plaisirs sexuels, des possessions et du respect. Nous disons même que l'idée du bonheur est trop abstraite : « Écoutez, je suis un type pratique. Donnez-moi seulement assez d'argent et j'achèterai tout le bonheur dont j'ai besoin. » Malheureusement, c'est une attitude qui ne marche pas. Examinez chacun de vos objectifs et vous verrez qu'ils sont superficiels. Vous voulez de la nourriture, pourquoi ? « Eh bien, si je mange, je n'aurai plus faim, et je me sentirai bien. » Ah ah ! Vous vous sentirez bien. Maintenant, nous parlons de choses sérieuses. Ce ne sont pas les objectifs de surface que nous recherchons véritablement. Ils ne sont que des moyens pour parvenir au but. Ce que nous cherchons vraiment, c'est cette sensation de soulagement qui se produit lorsque la tension est satisfaite. Soulagement, détente, plus de désir.

Alors, quel est ce bonheur ? Pour le plus grand nombre d'entre nous, le bonheur consisterait à obtenir tout ce que nous voulons, à être capable de tout contrôler, de jouer à César, à pouvoir faire tourner le monde comme nous aimerions qu'il tourne. Une fois encore, les choses ne fonctionnent pas ainsi. Regardez les gens qui, dans l'Histoire, ont réellement possédé ce pouvoir extrême. Ils n'étaient pas heureux. De façon sûre, la plupart d'entre eux n'étaient pas en paix avec eux-mêmes. Pourquoi ? Parce qu'ils étaient conduits à commander au monde de manière absolue et qu'ils ne le pouvaient pas. Ils voulaient contrôler tous les hommes et il en restait pour refuser d'être contrôlés. Ils ne pouvaient pas contrôler les étoiles. Ils tombaient malades. Et ils étaient obligés de mourir.

Vous ne pouvez jamais avoir tout ce que vous voulez. C'est impossible. Heureusement, il y a une autre solution. Vous pouvez apprendre à contrôler votre mental, à vous placer en dehors de cet incessant cycle de désirs et d'aversions. Vous pouvez apprendre à ne pas vouloir ce que vous voulez, à reconnaître les désirs mais à ne pas être contrôlé par eux. Cela ne veut pas dire que vous vous couchiez sur la route et que vous invitiez tout le monde à vous marcher dessus. Cela veut dire que vous continuez à vivre une vie d'aspect normal, mais que vous vivez à partir d'un nouveau point de vue. Vous faites les choses qu'une personne doit faire, mais vous êtes libéré de la pulsion obsessive et contraignante de vos propres désirs. Vous pouvez avoir peur de quelque chose, mais sans être obligé de rester à trembler. Ce type de développement mental est difficile. Il prend des années. Mais essayer de tout contrôler est impossible, et ce qui est difficile vaut mieux que ce qui est impossible.

Attendez une minute ! Paix et bonheur ? N'est-ce pas le but de la civilisation ? Nous construisons des gratte-ciel et des autoroutes. Nous avons des vacances payées, des postes de télévision, la sécurité sociale, des arrêts de maladie et des retraites. Tout cela pour apporter une certaine dose de paix et de bonheur. Et pourtant, le taux des maladies mentales grimpe régulièrement et la criminalité encore plus vite. Les rues sont pleines de délinquants et de gens perturbés. Passez le bras hors de la protection de votre propre porte et il y a des risques qu'on vous vole votre montre. Quelque chose ne marche pas. Un homme heureux ne vole pas. Un homme en paix avec lui-même ne se sent pas poussé à tuer. Nous nous faisons simplement plaisir en pensant que notre société exploite toutes les zones de la connaissance humaine pour atteindre la paix et le bonheur. Nous commençons tout juste à comprendre que nous avons surdéveloppé l'aspect matériel de l'existence au détriment des aspects émotionnels et spirituels plus profonds, et que nous payons le prix de cette erreur. Parler de la dégradation de la fibre morale et spirituelle est une chose, et y faire quelque chose en est une autre. L'endroit où commencer est en nous-même. Regardons attentivement à l'intérieur, objectivement, et chacun de nous constatera qu'il est lui aussi par moments « un mauvais garçon ou un fou ». Nous apprendrons à voir ces moments, à les voir clairement, sans condamnation, et nous serons sur la route ascendante.

Il n'est pas possible d'effectuer des changements radicaux dans la trame de notre vie tant que nous ne pouvons pas nous voir exactement comme nous sommes maintenant. Aussitôt que nous y parvenons, le changement intervient naturellement, sans qu'il soit besoin de forcer, de lutter ou d'obéir à des règles dictées par une quelconque autorité. Simplement, nous changeons. C'est automatique. Mais pour arriver à cette vision intérieure initiale, c'est un vrai travail. Il faut voir qui nous sommes et comment nous sommes, sans illusion, sans jugement ni résistance d'aucune sorte. Nous devons voir notre propre place dans la société, notre fonction en tant qu'être social. Nous devons voir nos devoirs et obligations envers nos frères humains et, par-dessus tout, notre responsabilité envers nous-même en tant qu'individu vivant avec d'autres individus. Nous devons voir tout cela clairement comme une unité, une unique structure d'interrelations. C'est complexe, mais cela se produit souvent en un seul instant. Le développement mental par la méditation est sans pareil pour nous aider à réaliser ce type de compréhension et un bonheur serein.

Le Dhammapada est une ancienne écriture bouddhique qui anticipa Freud de quelques milliers d'années. Il y est dit : « Ce que vous êtes maintenant est le résultat de ce que vous étiez... Ce que vous serez demain sera le résultat de ce que vous êtes aujourd'hui. Les conséquences d'une mauvaise mentalité vous suivront de même que le chariot suit le cheval qui le tire. Les conséquences d'un mental purifié vous suivront comme votre propre ombre. Personne ne peut faire plus pour vous que votre propre mental, purifié ; ni vos parents, ni votre famille, ni vos amis, personne. Un mental bien discipliné apporte le bonheur. »

Le but de la méditation est de purifier le mental. Elle nettoie la pensée de ce qu'on peut appeler des « irritants psychiques », tels que la convoitise, la haine et la jalousie, qui nous tiennent enchevêtrés dans une servitude émotive. Elle conduit le mental à un plan de tranquillité et de claire perception, à un état de concentration et de vision intérieure.

Dans notre société, nous croyons beaucoup à l'éducation. Nous croyons que le savoir rend une personne cultivée et civilisée. La civilisation, cependant, ne polit que superficiellement. Soumettez un gentleman noble et sophistiqué aux stress de la guerre et de la ruine, et voyez ce qui arrive. C'est une chose d'obéir à la loi parce que nous craignons les conséquences d'une désobéissance et les châtiments, et une chose entièrement différente d'y obéir parce que nous sommes purifiés de la convoitise qui nous amènerait à voler et de la haine qui nous conduirait à tuer. Jetez une pierre dans un ruisseau, l'eau courante en lissera la surface, mais l'intérieur demeurera inchangé. Prenez la même pierre et placez-la dans le feu intense d'une forge : toute la pierre changera intérieurement et extérieurement. La civilisation change l'homme extérieurement. La méditation l'adoucit intérieurement, de part en part.

On appelle la méditation le Grand Instructeur. C'est le feu

purificateur qui travaille doucement par la compréhension. Plus la compréhension est grande, plus nous pouvons être souples et tolérants. Plus notre compréhension est grande, plus nous pouvons être compatissants. Nous devenons un parfait parent ou un enseignant idéal. Nous sommes prêts à pardonner et à oublier. Nous éprouvons de l'amour pour les autres parce que nous les comprenons. Et nous comprenons les autres parce que nous nous sommes compris. Nous avons regardé profondément à l'intérieur et avons vu l'illusion du moi et nos propres faiblesses humaines. Nous avons vu notre propre humanité et avons appris à pardonner et à aimer. Quand nous avons appris la compassion pour nous-même, la compassion pour les autres est automatique. Un méditant accompli a atteint une compréhension profonde de la vie, et il regarde le monde avec un amour profond, sans critique.

La méditation ressemble beaucoup à la culture d'un nouveau terrain. Pour faire un champ à partir d'une forêt, il faut d'abord couper les arbres et enlever les souches. Ensuite, labourer le sol et répandre de l'engrais. Semer les graines pour récolter la moisson. Pour cultiver l'esprit, il faut d'abord couper les différents « irritants » qui font obstruction, puis les arracher complètement avec les racines pour qu'ils ne repoussent pas. Mettre de l'engrais : injecter de l'énergie et de la discipline dans le sol mental. Puis, semer les graines et récolter la moisson de foi, de moralité, d'Attention et de sagesse.

Foi et moralité ont ici un sens spécial. Le bouddhisme

ne prône pas la foi au sens de croire quelque chose parce que c'est écrit dans un livre ou attribué à un prophète, ou enseigné par une personne faisant autorité. Le sens ici est proche de confiance. C'est savoir que quelque chose est vrai parce que vous l'avez vu fonctionner, parce que vous l'avez observé en vous. De même, la moralité n'est pas une obéissance rituelle à un code de conduite extérieur imposé. C'est plutôt un sain ensemble d'habitudes, consciemment et volontairement choisi, car vous reconnaissez sa supériorité par rapport à votre comportement précédent.

Le but de la méditation est la transformation personnelle. Le « vous » qui entre d'un côté de la pratique n'est pas le même que celui qui sort de l'autre. Elle change votre caractère par un processus de sensibilisation, en vous rendant profondément conscient de vos propres pensées, paroles et actions. Votre arrogance et votre antagonisme s'évaporent. Votre esprit devient stable et calme. Votre vie s'harmonise. Ainsi, la méditation correctement effectuée prépare-t-elle à faire face aux hauts et bas de l'existence. Elle réduit les tensions, les peurs, les angoisses. Les choses commencent à prendre leur place et la vie devient paisible au lieu d'être une lutte. Tout cela se produit par la compréhension. La méditation aiguise la concentration et la capacité de penser. Alors, peu à peu, nos propres motivations et mécanismes subconscients deviennent clairs pour nous. Notre intuition s'aiguise. La précision de nos pensées s'accroît. Graduellement, nous parvenons à une connaissance directe des choses telles qu'elles sont réellement, sans préjugé ni illusion.

Est-ce une raison suffisante pour méditer ? À peine. Tout ce qui vient d'être dit n'est que promesses sur le papier. Il n'y a qu'une seule façon de savoir si la méditation vaut l'effort à effectuer. Apprenez à méditer correctement, et faites-le. Vous verrez par vous-même.

# Ce que la méditation n'est pas

*Méditation* est un mot. Vous l'avez déjà entendu, sinon vous n'auriez pas été attiré par ce livre. Le mécanisme de la pensée opère par association, et toutes sortes d'idées sont associées au mot « méditation ». Certaines d'entre elles sont probablement justes et d'autres fausses. Certaines appartiennent à d'autres systèmes de méditation et n'ont rien à voir avec Vipassana. Avant de continuer, il est souhaitable d'éliminer le plus possible les conceptions erronées pour purifier nos neurones et permettre à une information nouvelle de pénétrer sans obstruction. Commençons par le plus évident.

Nous n'allons pas vous apprendre à contempler votre nombril ni à chanter des syllabes secrètes. Vous ne serez pas en train de conquérir des démons ni de passer le harnais à des énergies invisibles. Aucune ceinture de couleur ne vous sera remise pour attester de vos performances et vous n'aurez pas besoin de vous raser le crâne ni de porter un turban. Vous n'aurez même pas à faire don de vos possessions ni à venir vivre dans un monastère. En fait, à moins que votre vie ne soit immorale et chaotique, vous pourrez probablement commencer tout de suite et faire quelques progrès. C'est encourageant, n'est-ce-pas ?

Il existe de très, très nombreux livres sur la méditation. La plupart d'entre eux sont écrits d'un point de vue clairement situé au sein d'une tradition religieuse ou philosophique particulière, et nombre d'auteurs n'ont pas pris la peine de le mettre en évidence. Ils ont des affirmations qui sonnent comme des lois générales mais qui, en fait, sont des procédures hautement spécifiques à un système particulier. Le résultat est un beau fouillis. Pire encore est la panoplie des théories complexes et des interprétations, toutes en désaccord les unes avec les autres. Le résultat est un méli-mélo d'opinions conflictuelles accompagnées d'une masse de données étrangères au sujet. Le présent ouvrage est spécifique. Nous nous occupons exclusivement du système de méditation Vipassana. Nous allons vous apprendre à observer le fonctionnement de votre propre esprit d'une manière calme et détachée, de façon à développer un regard pénétrant sur votre propre comportement. Le but est la présence d'esprit, une présence d'esprit si intense, si concentrée et si finement accordée que vous serez capable de percer les mécanismes intérieurs de la réalité même.

Il existe également des conceptions fausses. Nous les voyons sans cesse réapparaître avec les nouveaux étudiants, qui posent constamment les mêmes questions. Aussi est-il préférable de nous en occuper d'abord, car elles peuvent bloquer votre progression dès le départ. Nous allons les examiner une à une.

## Méprise n° 1 : la méditation est simplement une technique de relaxation.

L'erreur ici est le mot « simplement ». La relaxation est un élément clef de la méditation, mais la méditation Vipassana a un but beaucoup plus élevé. Toutefois, pour beaucoup d'autres systèmes, l'affirmation est vraie. Toutes les procédures de méditation insistent sur la concentration de l'esprit, pour l'amener à se poser sur un objet ou un sujet de pensée délimité. Faites-le intensément, d'une manière suffisamment complète et vous parvenez à une relaxation profonde et bienheureuse appelée Jhana. C'est un état d'une telle suprême tranquillité qu'il équivaut à l'extase. C'est une forme de plaisir au-dessus et au-delà de tout ce qui peut être ressenti dans l'état de conscience ordinaire. La plupart des systèmes s'arrêtent là. C'est le but. Lorsque vous l'avez atteint, vous répétez simplement l'expérience pendant le reste de votre vie. Il n'en va pas de même pour Vipassana. Elle cherche un autre but : la conscience sans ego. Concentration et relaxation sont considérées comme des éléments concomitants, nécessaires à sa présence. Ce sont des précurseurs nécessaires, des outils pratiques, et des sous-produits avantageux. Mais ils ne constituent pas l'objectif. Le but est la vision intérieure. Vipassana est une pratique religieuse profonde visant à rien de moins que la purification et la transformation de votre vie quotidienne. Nous traiterons plus avant des différences entre la concentration et la vision intérieure au chapitre « Attention et concentration », p. 210.

## Méprise n° 2 : méditation veut dire entrer en transe.

Ici encore, l'affirmation pourrait être appliquée avec exactitude à certains systèmes de méditation, mais pas à Vipassana. La méditation de la vision intérieure n'est pas une forme d'hypnose. Vous n'êtes pas en train d'obscurcir votre esprit pour devenir inconscient. Vous n'êtes pas en train de vous transformer en un légume sans émotions. À tout dire, c'est l'inverse qui est vrai. Vous serez de plus en plus accordé à vos propres changements émotionnels. Vous apprendrez à vous connaître avec une clarté et une précision toujours plus grandes. Avec cette technique, certains états peuvent paraître une transe aux yeux d'un observateur. Mais ils en sont vraiment tout l'opposé. Dans la transe hypnotique, le sujet est susceptible d'être contrôlé par quelqu'un d'autre, alors que dans la concentration profonde, le méditant reste tout à fait sous son propre contrôle. La similitude est superficielle, et en tout cas l'apparition de ces phénomènes n'est pas le but de Vipassana. Comme nous l'avons dit, la concentration profonde du Jhana est un outil ou une marche sur la route d'une conscience supérieure. Par définition, Vipassana est la culture de l'Attention. Si vous vous rendez compte en méditation que vous êtes en train de devenir inconscient, alors vous n'êtes pas en train de méditer selon la définition de ce mot tel qu'il est utilisé dans le système Vipassana. C'est aussi simple que cela.

## Méprise n° 3 : la méditation est une pratique mystérieuse que l'on ne peut pas comprendre.

Là encore, c'est presque vrai mais pas tout à fait. La méditation concerne des niveaux de conscience plus profonds que la pensée symbolique. Par suite, une partie des données la concernant ne peut simplement pas être expliquée par des mots. Mais cela ne veut pas dire qu'elle ne puisse être comprise. Il y a des manières de comprendre plus profondes que les mots. Vous comprenez comment vous marchez. Probablement, vous ne pouvez pas décrire l'ordre exact dans lequel se contractent vos fibres nerveuses et vos muscles pendant le processus. Mais vous pouvez marcher. La méditation doit être comprise de la même façon, en la pratiquant. Vous ne pouvez pas l'apprendre en termes abstraits. Ce n'est pas quelque chose dont on parle. Il faut la vivre. La méditation n'est pas une sorte de formule stéréotypée donnant des résultats automatiques et prévisibles. Vous ne pouvez jamais prédire exactement ce qui apparaîtra à chaque séance particulière. À chaque fois, c'est une investigation, une expérience et une aventure. C'est tellement vrai que, lorsque vous atteignez un niveau de prévision et de ressemblance dans votre pratique, vous utilisez ce fait comme un indicateur. Il signifie que vous êtes sorti de la bonne route et que vous stagnez. Apprendre à voir chaque seconde dans l'univers comme si c'était la première et la dernière est le plus important dans la méditation Vipassana.

## Méprise n° 4 : le but de la méditation est de développer des pouvoirs psychiques surhumains.

Non. Le but de la méditation est de développer la conscience. Apprendre à lire les pensées n'est pas le but. Léviter n'est pas le but. Le but est la libération. Il y a une relation entre les phénomènes psychiques et la méditation, mais c'est assez complexe. Pendant les premiers stades de la carrière d'un méditant, de tels phénomènes peuvent se produire. Certaines personnes peuvent avoir des intuitions ou se souvenir de vies passées, d'autres non. De toute manière, il ne s'agit pas d'aptitudes psychiques fiables et correctement développées. Il ne convient pas de leur donner une importance indue. En fait, de tels phénomènes sont assez dangereux pour les nouveaux méditants, car ils sont trop séduisants. Ils peuvent constituer un piège pour l'ego qui vous fera sortir du chemin en vous leurrant. Le meilleur parti à prendre est de ne leur donner aucune importance. S'ils apparaissent, c'est bien. S'ils n'apparaissent pas, c'est bien également. Et il est peu probable qu'ils apparaissent. À un certain point, il est possible de pratiquer des exercices spéciaux pour développer des pouvoirs psychiques. Mais ce moment se produit loin vers l'autre extrémité du chemin. Après avoir atteint un très profond stade de Jhana, le méditant est suffisamment avancé pour travailler avec de tels pouvoirs sans danger d'en perdre le contrôle ou qu'ils dominent sa vie. Il les développera alors strictement dans le but de servir les autres. Ce stade n'arrive qu'après des décades de pratique. Ne vous en préoccupez pas. Concentrez-vous seulement sur le développement de plus en plus de conscience. Si des voix et des visions surgissent, remarquez-les simplement et laissez-les partir. Ne vous en mêlez pas.

## Méprise n° 5 : la méditation est dangereuse et une personne prudente doit l'éviter.

Tout est dangereux. Traversez la rue et vous pouvez être renversé par un autobus. Prenez une douche et vous pouvez vous casser le cou. Méditez et vous allez sûrement faire remonter des choses désagréables de votre passé. Les éléments refoulés, enfouis depuis plus ou moins longtemps, peuvent être effrayants. C'est aussi très profitable. Aucune activité n'est réellement sans risque, mais cela ne signifie pas que nous devions nous envelopper dans un cocon protecteur. Ce ne serait pas vivre. Ce serait une mort prématurée. La manière de s'y prendre avec le danger est de connaître approximativement son importance, où il est vraisemblable de le rencontrer et comment le traiter lorsqu'il se présente. C'est le but de ce manuel. Vipassana est fait pour développer la conscience. Ce n'est pas dangereux en soi mais tout le contraire. Une plus grande présence d'esprit est une protection contre le danger. Exécutée correctement, la méditation est un processus très doux et progressif. Prenez les choses tranquillement et le développement de votre pratique s'effectuera très naturellement. Rien ne doit être forcé. Plus tard, lorsque vous serez sous la proche observation et la sagesse protectrice d'un enseignant compétent, vous pourrez accélérer votre rythme de croissance en effectuant une période de méditation intensive. Au début, néanmoins, allez doucement. Travaillez avec mesure et tout ira bien.

## Méprise n° 6 : la méditation est faite pour les saints et les religieux, pas pour les gens ordinaires.

Cette attitude est très répandue en Asie, où moines et religieux font l'objet d'une grande révérence ritualisée. Dans une certaine mesure, elle est apparentée à l'attitude américaine consistant à idéaliser les stars de cinéma et les vedettes du football. Ces personnes sont stéréotypées, idéalisées, dotées de caractéristiques que peu d'êtres humains seraient capables d'incarner. En Occident même, nous partageons en partie cette opinion envers la méditation. Nous imaginons qu'une personne qui médite est extraordinairement pieuse, incapable de faire le moindre mal. Quelques contacts avec de telles personnes auront bien vite raison de ces illusions. Elles se révèlent généralement pleines d'énergie et d'enthousiasme, vivant leur vie avec une vigueur incroyable. Il est vrai, naturellement, que la majorité des saints méditent, mais ils ne méditent pas parce qu'ils sont saints. C'est le contraire. Ils sont saints parce qu'ils méditent. C'est par la méditation qu'ils sont parvenus à cette qualité. Et ils ont commencé à méditer avant de devenir saints, sinon ils ne le seraient pas. C'est un point important. Imaginer qu'une personne doive être complètement vertueuse avant de commencer à méditer est une stratégie qui ne marche pas. La moralité requiert un certain degré de contrôle mental. C'est une condition préalable. Vous ne pouvez pas suivre quelque ensemble de préceptes moraux que ce soit sans avoir un peu de contrôle sur vous-même. Si votre mental est perpétuellement en train de tourner à pleine vitesse, il est hautement improbable que vous puissiez vous contrôler. Aussi le développement du mental doit-il venir en premier.

Il y a trois facteurs constitutifs dans la méditation bouddhique : moralité, concentration et sagesse. Ces trois facteurs se développent ensemble, à mesure que votre pratique s'approfondit. Chacun influence l'autre, de sorte que vous les cultivez ensemble, et non un à un. Lorsque vous avez la sagesse de vraiment comprendre une situation, la compassion envers toutes les parties concernées est automatique, et compassion veut dire que vous repérez automatiquement toute pensée, parole ou action qui pourrait vous nuire ou nuire aux autres. Ainsi votre comportement est-il automatiquement moral. C'est seulement lorsque vous ne comprenez pas les choses profondément que vous créez des problèmes : si la perception des conséquences de vos propres actes vous manque, alors vous commettez des fautes. La personne qui attend d'être complètement morale pour méditer attend un « si » qui ne viendra jamais. Les anciens sages disaient qu'elle est comme un homme qui attendrait que l'océan devienne immobile pour se baigner. Afin de préciser ce point, disons qu'il y a différents niveaux de moralité.

Le niveau le plus bas consiste à adhérer à un ensemble de règles et de réglementations instituées par quelqu'un d'autre. Ce peut être le prophète que vous respectez, l'État, le patriarche de votre communauté ou votre père. Qu'importe celui qui établit les règles, il vous suffit de les connaître et de les suivre. Un robot pourrait le faire. Même un chimpanzé, pourvu que les règles soient suffisamment simples et qu'il soit puni chaque fois qu'il commet une infraction. Ce niveau ne demande aucunement de méditer. Vous avez seulement besoin des règles et de quelqu'un pour manier le bâton.

Le niveau suivant consiste à obéir aux mêmes règles, même en l'absence de celui qui est chargé de vous punir.

Vous obéissez parce que vous avez intégré les règles. Vous vous réprimandez vous-même chaque fois que vous commettez une infraction. À ce niveau, il faut un peu de contrôle mental. Si votre schéma de pensée est chaotique, votre comportement le sera également. La culture mentale réduit le chaos mental.

Il existe un troisième niveau de moralité, mais il serait sans doute préférable de l'appeler « éthique ». Il représente un tout autre degré dans l'échelle, un véritable changement de modèle. Au niveau éthique, vous ne suivez pas des règles pures et dures dictées par l'autorité. Vous définissez votre propre comportement selon les besoins de la situation. Ce niveau requiert une intelligence réelle et une capacité de jongler avec tous les facteurs de chaque situation pour arriver à chaque fois à une réponse unique, créative et appropriée. De plus, celui qui prend de telles décisions doit s'être extrait de son propre point de vue personnel limité. Il doit voir toute la situation d'un angle objectif, donnant un poids égal aux besoins des autres et aux siens. En d'autres termes, il doit être libéré de la convoitise, de l'aversion, de la jalousie et de tout le reste de la panoplie égoïste qui empêche de voir le point de vue des autres. Seulement alors est-il possible de choisir l'ensemble exact d'actions justes, véritablement optimal dans chaque situation. Ce niveau de moralité requiert absolument la méditation, à moins que vous ne soyez né saint. Il n'y a pas d'autre façon d'en acquérir la capacité. Le processus de tri requis est épuisant. Si vous essayiez de jongler avec tous les facteurs de chaque situation au moyen du mental conscient, vous vous épuiseriez. L'intellect ne peut pas maintenir en l'air autant de boules à la fois. Heureusement, un niveau de conscience plus profond peut effectuer le travail avec aisance. La méditation peut accomplir le tri pour vous. C'est une sensation troublante.

Disons qu'un jour vous avez un problème à résoudre : le dernier divorce de l'oncle Henri. La situation paraît absolument insoluble. Le jour d'après, vous êtes en train de laver la vaisselle et de penser complètement à autre chose. Soudain, la solution est là. Elle surgit du mental profond. Vous dites « Ah ah ! » et tout est résolu. Cette sorte d'intuition ne peut se produire que quand vous débranchez les circuits logiques et donnez au mental profond une chance de concocter la solution. Le mental conscient fait obstruction. La méditation vous apprend comment vous débrancher du mécanisme de la pensée. C'est l'art mental de mettre les pieds hors de votre propre chemin, et une capacité joliment utile dans la vie quotidienne. La méditation n'est pas une pratique faite seulement pour les ascètes et les ermites. C'est une capacité pratique qui concerne les événements de chaque jour et qui a des applications immédiates dans la vie de chacun.

Malheureusement, ce fait même constitue un handicap pour certains étudiants. Ils abordent la pratique en s'attendant à une révélation cosmique instantanée, complète, avec des chœurs angéliques. Ce qu'ils obtiennent en général est une façon plus efficace de faire le ménage et de s'occuper de l'oncle Henri. Ils sont déçus sans raison. Faire le ménage vient en premier. Les chœurs angéliques demandent un peu plus de temps.

## Méprise n° 7 : méditer, c'est se détourner de la réalité.

Incorrect. La méditation, c'est se tourner vers la réalité. Elle ne vous isole pas des souffrances de la vie. Elle vous permet de pénétrer si profondément dans la vie et tous ses aspects que vous percez la barrière de la douleur et allez au-delà de la souffrance. Vipassana est une pratique effectuée avec l'intention spécifique de faire face à la réalité, d'expérimenter la vie complètement, juste comme elle est, et de faire face à ce que vous trouvez. Elle vous permet de déchirer les illusions et de vous libérer de tous les petits mensonges polis que vous vous racontez sans arrêt. Ce qui est là est là. Vous êtes qui vous êtes. Vous mentir sur vos propres faiblesses et vos motivations vous enchaîne encore plus étroitement à la roue de l'illusion. Vipassana n'est pas la tentative de vous oublier ou de dissimuler vos ennuis. C'est apprendre à vous regarder exactement comme vous êtes. À voir ce qui est là, à l'accepter pleinement. Seulement alors pourrez-vous le changer.

## Méprise n° 8 : la méditation est un moyen d'être heureux.

Eh bien, oui et non. La méditation procure parfois d'agréables sensations de béatitude mais pas toujours, et ce n'est pas le but… De plus, si vous méditez avec cette intention, vous avez moins de chances d'y parvenir qu'en méditant simplement en vue du but réel de la méditation, qui est un accroissement de conscience.

La béatitude provient de la relaxation, et la relaxation de la détente des tensions. Rechercher la béatitude par la méditation introduit une tension dans le processus, qui le fait disjoncter. Il n'y a pas moyen d'en sortir. Vous ne pouvez atteindre la béatitude que si vous ne la cherchez pas. De plus, si l'euphorie et les sensations agréables sont ce que vous cherchez, il y a des manières plus faciles de se les procurer. Vous les trouverez dans les bars et auprès des personnages louches qui hantent les rues. L'euphorie n'est pas le but de la méditation. Elle se produira souvent, mais elle doit être considérée comme un à-côté plaisant. Plus vous méditez, plus il devient fréquent. Vous ne trouverez aucun désaccord à ce sujet auprès des pratiquants avancés.

## Méprise n° 9 : la méditation est égoïste.

On pourrait vraiment le croire. Voyez un méditant assis sur son petit coussin. Est-il en train de faire don de son sang ? Non. Est-il en train de s'affairer pour sauver les victimes de la dernière tragédie ? Non. Mais examinons ses motivations. Son intention est de purger son esprit de la colère, des préjugés et de la malveillance. Il est engagé dans le processus menant à se débarrasser de la convoitise, des tensions et de l'insensibilité, c'est-à-dire des éléments mêmes qui bloquent sa compassion envers les autres. Jusqu'à ce qu'ils soient partis, ses bonnes actions ont une forte chance de n'être d'aucune aide véritable à longue échéance. Le mal au nom du bien est l'une des plus vieilles histoires du monde. Le Grand Inquisiteur tuait avec les plus nobles motifs. Les procès des sorcières de Salem furent menés pour le bien public. Examinez la vie personnelle de méditants avancés et vous les trouverez souvent engagés dans le service humanitaire. Vous les trouverez rarement partant en croisade, prêts à sacrifier quelques individus pour l'amour d'un pieux idéal. Le fait est que nous sommes plus égoïstes que nous le croyons. L'ego possède le moyen de transformer les plus nobles activités en horreurs si on le laisse en liberté. Par la méditation, nous devenons conscients de nous-mêmes, exactement tels que nous sommes. Nous nous éveillons aux nombreux moyens subtils que nous utilisons pour manifester notre propre égoïsme. Alors commençons-nous à être véritablement sans ego. Se purifier de l'égoïsme n'est pas une activité égoïste.

## Méprise n° 10 : méditer, c'est s'asseoir et avoir des pensées élevées.

Encore faux. Il existe certains systèmes de contemplation dans lesquels on fait ce genre de choses. Mais ce n'est pas Vipassana. Vipassana est la pratique de la conscience éveillée. La conscience de ce qui est – quoi que ce soit – la vérité la plus haute comme la plus basse. Ce qui est là est là. Bien sûr, de hautes pensées peuvent apparaître pendant votre pratique. Elles ne sont pas à éviter ni à rechercher. Ce sont simplement des à-côtés plaisants. Vipassana est une pratique simple. Elle consiste à éprouver les événements de votre propre vie directement, sans préférence et sans images mentales collées dessus. Vipassana consiste à voir votre vie se dérouler d'instant en instant sans préjugés. Ce qui surgit surgit. C'est très simple.

## Méprise n° 11 : une quinzaine de jours de méditation et tous mes problèmes vont disparaître.

Désolé. La méditation n'est pas un remède rapide. Vous commencerez tout de suite à voir des changements, mais les effets profonds sont à des années de distance. C'est simplement la manière dont l'univers est construit. Rien de valable n'est accompli du jour au lendemain. La méditation est dure à certains points de vue. Elle demande une longue discipline et parfois un douloureux processus de pratique. À chaque assise, vous gagnez un peu de terrain, mais les résultats sont souvent très ténus. Ils se produisent profondément dans le mental, pour se manifester seulement beaucoup plus tard. Et si vous êtes là, assis, en train de chercher constamment des changements, vous manquerez complètement les modifications subtiles. Vous serez découragé, vous abandonnerez et jurerez que rien ne se produira jamais.

La patience est la clef. Patience. Si vous n'apprenez rien d'autre, vous apprendrez la patience. Et c'est la leçon la plus appréciable.

# Ce qu'est la méditation

*Méditation* est un mot, et les mots sont utilisés de manière différente par ceux qui les emploient. Bien que cela puisse paraître banal, ce n'est pas le cas. Il est très important de distinguer exactement ce qu'une personne veut dire à travers les mots qu'elle utilise. Chaque culture, par exemple, a produit une forme de pratique mentale pouvant être appelée méditation. Tout dépend de l'extension de la définition de ce mot. Tout le monde médite, des Africains aux Esquimaux. Les techniques varient énormément et nous ne chercherons pas à les recenser. D'autres livres existent pour ce faire. Nous limiterons notre discussion aux pratiques les mieux connues d'un auditoire occidental, à celles qui ont le plus de chances d'être associées au terme méditation.

Dans la tradition judéo-chrétienne, nous trouvons deux pratiques qui se superposent en partie, appelées prière et contemplation. La prière est un appel direct à une entité spirituelle. La contemplation est une période prolongée de pensée consciente sur un sujet spécifique, généralement un idéal religieux ou un passage des Écritures. Du point de vue de la culture mentale, ces deux activités sont des exercices de concentration. Le déluge normal des pensées conscientes est réduit, et le mental est amené sur un seul domaine conscient d'opération. Les résultats sont ceux obtenus avec toute pratique de concentration : un calme profond, un ralentissement du métabolisme physiologique et un sentiment de paix et de bien-être.

Issue de la tradition hindoue nous parvient la méditation yogique, purement fondée également sur la concentration. Les exercices traditionnels consistent à centrer l'esprit sur un seul objet : une pierre, une flamme de bougie, une syllabe ou quoi que ce soit, et à ne pas lui permettre de s'échapper. Ayant acquis cette capacité de base, le yogi élargit sa pratique en prenant des objets de concentration plus complexes : des chants, des images religieuses colorées, les canaux d'énergie dans le corps, etc. Néanmoins, aussi complexe que soit l'objet de méditation, cette dernière demeure en elle-même un pur exercice de concentration.

Dans la tradition bouddhiste, la concentration est également fort estimée. Mais un nouvel élément est ajouté auquel il est donné plus d'importance. Cet élément est la conscience éveillée[1]. Toute méditation bouddhique a

1. Nous traduisons ici le mot *awareness* par « conscience éveillée », pour insister sur le fait qu'il ne s'agit pas de la conscience ordinaire mais d'une conscience d'ordre impersonnel. « Conscience sans ego » est également utilisé en d'autres passages. *(N.d.T.)*

pour but son développement, en utilisant la concentration comme un outil. Mais la tradition bouddhiste est très vaste et il existe des routes différentes pour y parvenir.

Le zen utilise deux voies séparées. La première est la plongée directe dans la conscience par pure force de volonté. Vous vous asseyez et êtes tout simplement assis, ce qui veut dire que vous rejetez tout de votre esprit, à l'exception de la pure conscience d'être assis. Cela paraît très simple. Eh bien, non. Un bref essai démontrera à quel point c'est difficile. La deuxième approche zen utilisée dans l'école Rinzaï consiste à obliger le mental à sortir de la pensée consciente pour entrer dans la conscience pure. On y parvient en donnant à l'étudiant une énigme insoluble, qu'il doit résoudre néanmoins, et en le plaçant dans des conditions d'entraînement extrêmement contraignantes. Étant donné qu'il ne peut échapper à la douleur créée par la situation, il doit fuir dans une pure expérience du moment. Il n'y a pas d'autre endroit où aller. Le zen est difficile. C'est efficace pour bien des gens mais vraiment dur.

Une autre stratégie, le bouddhisme tantrique, est presque l'inverse. La pensée consciente, au moins de la façon dont nous l'utilisons normalement, est la manifestation de l'ego, le « vous » que vous pensez être normalement. Elle est étroitement liée au concept de soi. Le concept de soi ou ego n'est rien de plus qu'un ensemble de réactions ou d'images mentales, artificiellement collées sur le flux de la conscience pure. Le Tantra recherche l'obtention de la conscience pure en détruisant cette image de l'ego. C'est accompli par un processus de visualisation. On donne à l'étudiant une image religieuse particulière sur laquelle il doit méditer, par exemple l'une des divinités du panthéon tantrique. Il le fait d'une manière si approfondie qu'il devient cette entité. Il quitte sa propre identité et en revêt une autre. Pendant le processus, il a la possibilité d'observer la manière dont l'ego est construit et mis en place. Il en arrive à reconnaître la nature arbitraire de tous les ego. Il finit dans un état où il peut avoir un ego, s'il le choisit, le sien ou n'importe quel autre qu'il souhaite, ou ne pas en avoir. Résultat : la pure conscience. Le Tantra n'est pas non plus une mince affaire.

Vipassana est la plus ancienne des pratiques de méditation bouddhique. La méthode vient directement du Satipatthana sutta, un discours attribué au Bouddha lui-même. Vipassana consiste en un développement direct et graduel de l'Attention, ou conscience éveillée. Le processus s'effectue pas à pas, pendant des années. L'attention de l'étudiant est minutieusement dirigée vers un examen intense de certains aspects de son existence. Il est entraîné à remarquer de plus en plus d'éléments dans le flux de sa vie. C'est une technique douce. Mais elle est très, très complète. C'est un système ancien et codifié d'entraînement de la sensibilité, un ensemble d'exercices destiné à vous faire devenir de plus en plus réceptif à votre propre expérience de vie. C'est une écoute attentive, une vision totale et une expérimentation soigneuse. Vous apprenez à sentir avec intensité, à toucher complètement et à faire vraiment attention à ce que vous ressentez. Vous apprenez à écouter vos propres pensées sans en être prisonnier.

L'objet de la pratique de Vipassana est d'apprendre à faire attention. Nous croyons que nous le faisons déjà, mais c'est une illusion. Elle provient du fait que nous portons une si faible attention au flux incessant de nos propres expériences que nous pourrions tout aussi bien être endormis. Nous ne faisons simplement pas assez attention pour le remarquer. C'est un cercle vicieux.

À travers le développement de l'Attention, nous devenons lentement conscients de ce que nous sommes vraiment, en dessous de l'image de l'ego. Nous nous éveillons à ce qu'est réellement la vie, qui n'est pas simplement une danse de hauts et de bas, des récompenses et des coups. Cela est une illusion. La vie possède une texture beaucoup plus profonde, si nous nous donnons la peine de regarder et si nous regardons de la bonne manière.

Vipassana est une forme d'éducation du mental qui vous apprendra à expérimenter le monde d'une manière entièrement nouvelle. Pour la première fois, vous apprendrez ce qui vous arrive vraiment, ce qui arrive autour de vous et en vous… C'est un processus de découverte de soi, une investigation dans laquelle vous observerez vos propres expériences alors que vous y prenez part, et à mesure qu'elles se produisent. La pratique doit être approchée avec cette attitude :

« Qu'importe ce que j'ai appris. Oublions les théories, les préjugés et les stéréotypes. Je veux comprendre la vraie nature de la vie. Je veux comprendre ce que l'expérience d'être vivant est réellement. Je veux appréhender les véritables et les plus profondes qualités de la vie, et je ne veux pas simplement accepter les explications de quelqu'un d'autre. Je veux les voir par moi-même. »

Si vous poursuivez la pratique de votre méditation dans cette attitude, vous réussirez. Vous vous trouverez en train d'observer les choses objectivement, exactement comme elles sont, s'écoulant et changeant de moment en moment. La vie prend alors une richesse incroyable qui ne peut être décrite. Il faut l'expérimenter.

Le terme pali pour la méditation de la vision intérieure est *Vipassana bhavana*. Bhavana vient de la racine *Bhu,* qui signifie « grandir » ou « devenir ». Par suite, *Bhavana* veut dire « cultiver » et est toujours utilisé en relation avec l'esprit. *Bhavana* signifie « culture du mental ». *Vipassana* provient de deux racines : *Passana*, qui veut dire « voir » ou « percevoir », et *Vi*, un préfixe possédant un ensemble complexe de connotations. Sa signification de base est « d'une manière spéciale ». Mais il possède aussi les sens de « à l'intérieur » et de « à travers ». Son sens complet est « voir à l'intérieur de quelque chose avec clarté et précision, en percevant chaque composant de manière nette et séparée, et en pénétrant au plus profond, jusqu'à la réalité la plus fondamentale de cette chose ». Par suite, en réunissant tous nos éléments, Vipassana bhavana signifie : « culture du mental, destinée à voir les choses d'une manière spéciale, menant à la perception totale de leur réalité et à une pleine compréhension ».

Dans la méditation Vipassana, nous cultivons cette façon spéciale de voir la vie. Nous nous entraînons à percevoir la réalité exactement comme elle est, et nous appelons ce mode de perception spécial : « Attention ».

Ce processus d'attention pure est réellement différent de celui que nous utilisons habituellement. Normalement, nous ne regardons pas ce qui est réellement là, en face de nous. Nous voyons la vie à travers un écran de pensées et de concepts, et nous faisons l'erreur de prendre ces objets du mental pour la réalité. Nous sommes tellement emprisonnés dans cet incessant flux de pensées que la réalité s'écoule sans que nous la percevions. Nous passons notre temps absorbés par l'activité, emprisonnés dans une éternelle poursuite de plaisirs et de satisfactions et dans une fuite éternelle devant la douleur et l'insatisfaction. Nous dépensons toute notre énergie à essayer de nous sentir mieux, à essayer d'enterrer nos peurs. Sans cesse, nous recherchons la sécurité. Pendant ce temps, le monde de l'expérience réelle s'écoule intouché et non goûté. Dans la méditation Vipassana, nous apprenons à ignorer les envies constantes de bien-être et nous pénétrons en revanche dans la réalité. L'ironie est que la paix réelle ne survient que lorsqu'on arrête de la poursuivre. C'est encore un cercle vicieux.

Lorsque vous détendez la force de votre désir de confort, le vrai contentement apparaît. Quand vous laissez choir votre fiévreuse poursuite de satisfactions, la vraie beauté de la vie apparaît. Lorsque vous cherchez à connaître la réalité sans illusion, complète, avec toutes ses douleurs et son danger, alors la liberté réelle et la sécurité vous appartiennent. Il ne s'agit pas d'une doctrine que nous essayons de faire pénétrer en vous. C'est une réalité observable, une chose que vous pouvez et devez voir par vous-même.

Le bouddhisme est vieux de 2 500 ans, et tout système de pensée de cette ancienneté a eu le temps de développer de multiples niveaux de doctrines et de rituels. Néanmoins, l'attitude fondamentale du bouddhisme est intensément empirique et antiautoritaire. Le Bouddha Gautama était une personne hautement non orthodoxe et réellement antitraditionaliste. Il ne présenta pas son enseignement comme un ensemble de dogmes mais plutôt comme des propositions à vérifier par chaque individu. Son invitation à tous était : « Venez et voyez. » L'une des choses qu'il disait à ses disciples était : « Ne placez aucune tête au-dessus de la vôtre. » Par là, il voulait dire : n'acceptez pas les paroles de quelqu'un d'autre. Voyez par vous-même.

Nous vous demandons d'appliquer cette attitude à chaque mot que vous lisez dans ce manuel. Nous ne sommes pas en train d'émettre des propositions que vous devez accepter simplement parce que nous faisons autorité en la matière. Une foi aveugle n'a rien à voir avec tout ce dont nous parlons. Il s'agit de réalités expérimentales. Apprenez à ajuster votre mode de perception selon les instructions données dans ce livre et voyez par vous-même. Cela et cela seul constitue la base de votre croyance. La méditation de la vision intérieure est essentiellement une pratique de découverte sur investigation personnelle.

Cela dit, nous allons vous présenter un très court résumé de quelques-uns des points majeurs de la philosophie bouddhiste. Nous ne cherchons pas à être complets étant donné qu'il existe de très bons livres sur le sujet. Mais les éléments suivants étant essentiels pour comprendre Vipassana, il est nécessaire de les mentionner.

Du point de vue bouddhique, nous, êtres humains, vivons de manière très particulière. Nous voyons les choses impermanentes comme si elles étaient permanentes, bien que tout soit en changement. Le processus du changement est constant et éternel. Pendant que vous lisez ces mots, votre corps vieillit, mais vous n'y faites pas attention. Le livre entre vos mains vieillit également. L'impression s'estompe, les pages deviennent cassantes. Les murs autour de vous vieillissent. Les molécules à l'intérieur de ces murs vibrent à un rythme effarant, et tout se modifie, se dissout peu à peu et tombe en morceaux. Vous n'y faites pas attention non plus. Puis, un jour, vous regardez autour de vous. Votre corps est ridé et grinçant, et vous avez mal. Le livre est jauni et inutilisable. Le bâtiment près de s'effondrer. Vous soupirez après la jeunesse passée et vous pleurez lorsque vos possessions ont disparu. D'où vient cette souffrance ? Elle vient de votre propre inattention. Vous avez omis de regarder la vie de près. Vous avez omis d'observer le mouvement constant du monde alors qu'il se produisait. Vous avez édifié une collection de constructions mentales : « moi », « le livre », « la maison » et vous avez assumé qu'il s'agissait d'entités réelles et solides. Ce n'est jamais le cas. Mais vous pouvez vous accorder avec le mouvement constant du changement. Vous pouvez apprendre à percevoir votre vie comme un flux incessant, une chose d'une grande beauté telle une danse ou une symphonie. Vous pouvez apprendre à vivre avec le flux de l'existence plutôt que de courir perpétuellement à contre-courant. Vous pouvez apprendre. C'est simplement une question de temps et d'entraînement.

D'une certaine façon, nos habitudes perceptives humaines sont stupides. Nous débranchons 99 % des stimulations sensorielles que nous recevons et solidifions le reste sous forme d'objets mentaux. Ensuite, nous réagissons à ces objets mentaux de manière programmée et habituelle. Un exemple. Vous êtes assis, seul, dans la tranquillité d'une nuit paisible. Dans le lointain un chien aboie. La perception en elle-même est indescriptiblement belle si vous vous donnez la peine de l'examiner. De cette mer de silence s'élèvent des vagues de vibrations sonores. Vous commencez à entendre leurs tissus vibratoires complexes et dans le système nerveux, elles se transforment en scintillantes stimulations électriques. Le processus est en lui-même beau et profondément satisfaisant. Mais nous autres, êtres humains, tendons à complètement l'ignorer. À la place, nous solidifions cette perception en un objet mental. Et nous lui appliquons une image mentale et une série de réactions conceptuelles et émotionnelles. « Voilà encore ce sale chien. Il aboie toujours la nuit. Comme c'est désagréable. Toutes les nuits. Il est vraiment insupportable. On devrait y faire quelque chose. Peut-être devrais-je appeler la police ? ou le chenil pour qu'ils envoient quelqu'un pour l'attraper. Je vais leur téléphoner. Et puis non. Je vais écrire une lettre vraiment dure à son maître. Ah ! C'est trop de travail. Non, je vais mettre des boules Quies. » Il ne s'agit que d'habitudes prises dans les perceptions et les réponses mentales. Étant enfant, vous apprenez à réagir ainsi en copiant les habitudes de ceux qui vous entourent. Mais ces réponses ne sont pas inhérentes à la structure du système nerveux. Les circuits sont là. Ce n'est pas la seule façon d'utiliser votre machinerie mentale. Ce qui a été appris peut être désappris. Le premier pas est de vous rendre compte de ce que vous faites, au moment où vous le faites, de prendre du recul et d'observer tranquillement.

Dans la perspective bouddhique, nous autres humains avons une vision à l'envers de la vie. Nous regardons ce qui est en vérité la cause de la souffrance et nous la voyons comme du bonheur. La cause de la souffrance est ce syndrome désir-aversion dont nous avons parlé plus haut. Une perception surgit. Cela peut être n'importe quoi, une jolie fille, un beau garçon, un hors-bord, un bandit avec un revolver, un camion fonçant sur nous, n'importe quoi. Quel que soit l'objet, la seconde d'après nous réagissons au stimulus avec une émotion.

Prenez l'inquiétude. Nous sommes très inquiets. C'est l'inquiétude elle-même qui est le problème. L'inquiétude est un processus. Il possède des stades. Ce n'est pas seulement un état d'être mais un mécanisme. Ce qu'il faut, c'est regarder au tout début pour voir les étapes initiales avant que la vapeur ne soit montée. Le premier maillon de la chaîne de l'inquiétude est la réaction attachement-rejet. Aussitôt qu'un phénomène surgit dans le mental, nous essayons mentalement de le retenir ou de le repousser. Cela met en route la réaction de l'inquiétude. Heureusement, il existe un moyen bien commode, qui s'appelle la méditation Vipassana, que vous pouvez utiliser pour court-circuiter tout ce mécanisme.

Vipassana nous apprend comment examiner notre propre processus de perception avec une grande précision. Nous apprenons à observer l'apparition de la pensée et de la perception avec un sentiment de détachement serein. Nous apprenons à voir nos propres réactions aux stimuli avec calme et clarté. Nous commençons à nous voir réagir sans être pris dans les réactions elles-mêmes. La nature obsessionnelle de la pensée meurt lentement. Nous pouvons toujours nous marier et éviter le camion qui fonce dans la rue. Mais il n'est pas nécessaire de vivre un enfer à leur sujet. Cette sortie de la nature obsédante de la pensée produit une toute nouvelle vision de la réalité. C'est un changement de modèle, un changement complet du mécanisme de la perception. Il apporte avec lui un sentiment de paix et de justesse, un nouvel élan envers la vie et le sens d'une plénitude dans chaque activité. Compte tenu de ces avantages, le bouddhisme considère cette façon de voir les choses comme une vision correcte de la vie et les textes bouddhiques l'appellent « voir les choses comme elles sont réellement ».

La méditation Vipassana est un apprentissage qui nous ouvre graduellement à cette nouvelle vision de la réalité telle qu'elle est vraiment. Et cette réalité comporte une vue nouvelle sur cet aspect central de la réalité : « moi ». Une inspection soigneuse révèle que nous avons fait la même chose à « moi » qu'à toutes les autres perceptions. Nous avons pris un vortex fluide de pensées, d'émotions et de sensations et l'avons solidifié dans une construction mentale. Ensuite, nous avons collé une étiquette dessus : « moi ». Et après, pour toujours, nous l'avons traitée comme s'il s'agissait d'une entité statique et permanente. Nous la regardons comme une chose séparée de toutes les autres. Nous la plaçons en dehors de ce processus de changement éternel qu'est l'univers. Et nous nous désolons de nous sentir aussi seuls. Nous ignorons notre connexion inhérente avec tous les autres êtres et nous décidons qu'il faut que « j'en obtienne plus pour "moi" ». Puis, nous nous étonnons de ce que les êtres humains soient aussi cupides et insensibles. Et ainsi de suite. Chaque mauvaise action, chaque exemple de manque de cœur dans le monde provient directement de ce faux sens du « moi », perçu comme distinct de tout le reste de ce qui existe dans le monde.

Faites sauter l'illusion de ce seul concept et tout votre univers change. Mais ne vous attendez pas à y parvenir du jour au lendemain. Vous passez votre vie entière à le construire, à le renforcer avec chaque pensée, chaque mot et chaque action au cours des années. Il ne va pas s'évaporer instantanément. Mais il passera si vous y consacrez suffisamment de temps et d'attention. La méditation Vipassana est un procédé par lequel il est dissous. Peu à peu, vous l'effritez, simplement en l'observant.

Le concept « Je » est un processus. C'est quelque chose que nous faisons. Avec Vipassana, nous apprenons à voir ce que nous faisons pendant que nous le faisons et comment nous nous y prenons. Alors le « Je » bouge et s'estompe, comme un nuage passant à travers un ciel bleu. Nous nous trouvons dans un état où nous pouvons le faire jouer ou non, en fonction de ce qui paraît approprié à la situation. L'obligation est partie. Nous avons le choix.

Naturellement, il s'agit là d'intuitions profondes. Chacune a des conséquences majeures sur l'une des questions fondamentales de l'existence humaine. Elles ne se produisent pas rapidement ni sans un effort considérable. Mais la récompense est grande. Elles mènent à une transformation totale de la vie. Ensuite, chaque seconde de l'existence est changée. Le méditant qui poursuit jusqu'au bout réalise une parfaite santé mentale, un pur amour pour tout ce qui vit et une complète cessation de la souffrance. Ce n'est pas un mince but. Mais vous n'avez pas besoin d'aller au bout pour moissonner des bénéfices. Ils commencent immédiatement et s'accumulent au cours des années. Plus vous passez d'heures en méditation, plus grande est votre capacité d'observer calmement chaque impulsion et intention, chaque pensée et émotion, juste au moment où elles se produisent dans le mental. Votre progrès vers la libération se mesure au nombre d'heures de coussin. Et vous pouvez vous arrêter à n'importe quel moment, si vous en avez assez. Il n'y a aucun bâton qui vous menace derrière la tête, sauf votre propre désir de voir la véritable qualité de la vie, de valoriser votre propre existence et celle des autres.

La méditation est expérimentale de manière inhérente. Elle n'est pas théorique. Dans la pratique de la méditation, vous devenez sensible à l'expérience véritable de la vie et vous sentez comment sont les choses. Vous ne passez pas votre temps à développer des pensées subtiles et esthétiques sur la vie. Vous vivez. Vipassana, plus que quoi que ce soit d'autre, consiste à apprendre à vivre.

# L'attitude

Au siècle dernier, la physique occidentale a fait une découverte surprenante : le processus même de l'observation change les choses que nous observons. Par exemple, un électron, élément extrêmement petit, ne peut être vu sans instrument, et l'appareil influence ce que l'observateur voit. Si un électron est observé d'une manière, il paraît être une particule, une petite balle dure qui rebondit dans tous les sens sur de jolis chemins droits. S'il est observé d'une autre façon, il paraît être une onde, sans rien de solide. Il luit et s'agite dans tout le champ. Et l'observateur participe à cet effet par le fait même de son observation, sans qu'il soit possible d'éviter l'interaction.

La science orientale a reconnu ce principe il y a très longtemps. Le mental est un ensemble d'événements auxquels l'observateur participe à chaque fois qu'il regarde à l'intérieur. La méditation est une observation « participative ». Ce que vous regardez réagit à l'observation. Mais c'est vous-même que vous regardez, et ce que vous voyez dépend de la façon dont vous regardez. Aussi le processus de la méditation est-il extrêmement délicat. Le résultat dépend de l'état d'esprit du méditant. Les attitudes qui suivent sont donc essentielles pour le succès de la pratique. Nous les rassemblons ci-après sous forme de règles pour en faciliter la mise en application.

1. N'attendez rien. Prenez simplement du recul et voyez ce qui arrive. Traitez toute la chose comme une expérience. Prenez un intérêt actif dans le test lui-même. Mais ne vous laissez pas distraire par votre attente de résultats. Pour cette raison, ne soyez pas impatient de quelque résultat que ce soit. Laissez la méditation se dérouler à sa propre vitesse et selon sa propre direction. Laissez-la vous enseigner ce qu'elle veut que vous appreniez. La conscience méditative cherche à voir la réalité exactement comme elle est. Qu'elle corresponde ou non à vos attentes, une suspension temporaire de toutes vos préconceptions et idées est requise. Vos images, opinions, interprétations doivent être remisées hors du chemin pendant la durée de la méditation. Autrement, elles vous feront trébucher.

2. Ne forcez pas. Ne forcez rien. Ne faites pas d'efforts exagérés. La méditation n'est pas agressive. Il n'y a pas de lutte violente. Que votre effort soit simplement détendu et stable.

3. Ne vous précipitez pas : il n'y a pas d'urgence, prenez votre temps. Installez-vous sur un coussin et restez assis, comme si vous aviez toute la journée devant vous. Tout ce qui a réellement de la valeur prend du temps pour être développé. Patience. Patience. Patience.

4. Ne vous attachez à rien et ne rejetez rien. Laissez venir ce qui vient et accommodez-vous-en, quoi que ce soit. Si de bonnes images mentales apparaissent, c'est bien. Si de mauvaises images apparaissent, c'est bien aussi. Considérez le tout comme égal et soyez à l'aise avec ce qui arrive, quoi que ce soit. Ne luttez pas avec ce que vous expérimentez. Observez simplement avec attention.

5. Lâchez prise : apprenez à flotter avec tous les changements qui se produisent. Assouplissez-vous et relaxez-vous.

6. Acceptez tout ce qui apparaît. Acceptez vos émotions, y compris celles que vous souhaiteriez ne pas avoir. Acceptez vos expériences, même celles que vous détestez. Ne vous condamnez pas pour avoir des défauts humains et des faiblesses. Apprenez à voir tous les phénomènes comme étant parfaitement naturels et compréhensibles. Essayez d'exercer une acceptation désintéressée à tous moments et au regard de tout ce dont vous faites l'expérience.

7. Soyez gentil avec vous-même. Soyez bon pour vous. Vous pouvez être imparfait, mais vous êtes tout ce que vous avez pour travailler. Le processus pour *devenir* qui vous serez commence d'abord par la totale acceptation de qui vous *êtes*.

8. Examinez-vous. Questionnez tout. Ne prenez rien pour argent comptant. Ne croyez pas quelque chose parce que cela paraît sage et pieux ou parce qu'un saint homme l'a dit. Voyez par vous-même. Cela ne signifie pas que vous deviez être impudent, cynique ou irrévérencieux. Cela veut dire que vous devez être empirique. Soumettez toutes les propositions au test réel de votre propre expérience et laissez le résultat vous guider vers la réalité. La méditation de la vision intérieure se développe à partir d'un besoin intérieur de s'éveiller à ce qui est réel et d'obtenir une vision libératrice dans la structure véritable de l'existence. La pratique entière dépend de ce désir d'être éveillé à la vérité. Sans lui, la pratique est superficielle.

9. Regardez tous les problèmes comme des défis : considérez ce qui paraît négatif comme un moyen d'apprendre et de grandir. Ne fuyez pas, ne vous condamnez pas, n'enterrez pas non plus votre fardeau dans un saint silence. Vous avez un problème ? Très bien, c'est du grain en plus pour le moulin. Réjouissez-vous, plongez et observez.

10. Ne cogitez pas. Vous n'avez pas besoin de tout calculer. La pensée discursive ne vous sortira pas du piège. Dans la méditation, le mental est purifié naturellement par l'Attention, par l'attention pure, sans mots. Les délibérations habituelles ne sont pas nécessaires pour éliminer ce qui vous tient enchaîné. Seule une claire perception non conceptuelle de ce qu'elles sont et de la manière dont elles fonctionnent est requise et suffisante pour les dissoudre. Concepts et raisonnements sont simplement des entraves sur le chemin. Ne pensez pas. Voyez.

11. Ne vous attardez pas sur les différences : des différences existent entre les gens, mais s'y attarder est dangereux. À moins d'être maniée avec précautions, cette attitude mène directement à l'égotisme. La pensée humaine ordinaire est pleine de cupidité, de jalousie et d'orgueil. Un homme en voyant un autre peut immédiatement penser : « Il est plus séduisant que moi. » Et le résultat est aussitôt l'envie ou la honte. Une femme en voyant une autre peut immédiatement se dire : « Je suis plus jolie qu'elle. » Résultat instantané : l'orgueil. Ce type de comparaisons constitue une habitude mentale, qui mène directement à un ressentiment d'un type ou d'un autre : convoitise, envie, orgueil, jalousie, aversion, animosité. C'est une attitude malhabile que nous adoptons constamment. Nous comparons notre apparence à celle des autres, nos succès, nos accomplissements, notre richesse, nos possessions, notre Q. I… et tout cela mène au même endroit : désunion, barrières entre les êtres, et rancune.

Le travail du méditant consiste à supprimer cette habitude en l'examinant à fond, puis à la remplacer par une autre. Plutôt que de remarquer les différences entre soi et les autres, le méditant s'éduque à percevoir les similitudes. Il centre son attention sur les facteurs universels en toute vie, sur ce qui le rapproche des autres. Ainsi, ses comparaisons, si tant est qu'il en effectue, le conduisent-elles à un sentiment de parenté plutôt que de séparation.

La respiration est un processus universel. Tous les vertébrés respirent essentiellement de la même manière. Toutes les créatures vivantes échangent des gaz avec leur environnement, d'une manière ou d'une autre. C'est une des raisons pour lesquelles la respiration est choisie comme objet central de méditation. Il est indiqué au méditant d'explorer le processus de sa propre respiration comme un véhicule pour réaliser son union inhérente avec le reste de la vie. Cela ne signifie pas que nous fermions nos yeux à toutes les différences autour de nous. Les différences existent. Cela signifie simplement que nous diminuons l'importance des facteurs de contraste et que nous augmentons celle des facteurs universels. La procédure recommandée est la suivante :

Lorsque le méditant perçoit quelque objet sensoriel que ce soit, il ne doit pas le considérer de la manière égocentrique habituelle. Il doit plutôt examiner le processus de la perception elle-même. Observer ce que l'objet fait à ses sens et à sa perception. Observer les sensations qui apparaissent et les activités qui s'ensuivent. Noter les modifications qui en résultent dans sa propre conscience. Et en observant tous ces phénomènes, il doit être éveillé à l'universalité de ce qu'il voit. La perception initiale va déclencher des sensations plaisantes, déplaisantes ou neutres. C'est un phénomène universel qui se produit dans le mental des autres exactement comme dans le sien, et il doit le voir clairement. À la suite de ces sensations, plusieurs réactions peuvent apparaître : envie, impulsion sexuelle, jalousie. Il peut ressentir de la peur, de l'inquiétude, de l'agitation, de l'ennui. Ces réactions sont également universelles. Il les note simplement. Il doit se rendre compte que ce sont des réactions humaines ordinaires qui peuvent apparaître chez n'importe qui.

Cette façon de faire peut être, au début, ressentie comme forcée et artificielle, mais elle n'est pas moins naturelle que ce que nous faisons ordinairement. Elle n'est simplement pas familière. Avec de la pratique, ce schéma remplace notre habitude égocentrique ordinaire de tout comparer et est ressenti comme beaucoup plus naturel à la longue. Résultat, nous devenons des gens très compréhensifs. Nous ne nous mettons plus en colère devant les faiblesses des autres. Nous progressons vers l'harmonie avec toute la vie.

# La pratique

Bien qu'il existe de nombreux sujets de méditation, nous recommandons fortement que vous commenciez par concentrer votre attention totale, sans division, sur votre respiration, pour obtenir un certain degré de concentration de surface. Souvenez-vous que vous n'êtes pas en train de pratiquer une technique d'absorption profonde ou de concentration pure. Vous pratiquez l'Attention, pour laquelle vous avez simplement besoin d'un certain degré de concentration de surface. Vous voulez cultiver l'Attention, culminant dans la vision intérieure et la sagesse, pour comprendre la vérité telle qu'elle est. Vous voulez connaître le fonctionnement de votre complexe physico-mental exactement tel qu'il est. Vous voulez vous débarrasser de toute contrariété psychologique pour rendre votre vie paisible et heureuse.

Le mental ne peut pas être purifié sans voir les choses telles qu'elles sont réellement. « Voir les choses telles qu'elles sont réellement » est une phrase lourdement chargée de sens et très ambiguë. Bien des débutants se demandent ce que nous voulons dire, car tous ceux qui ont une bonne vue pensent voir les objets tels qu'ils sont. Quand nous utilisons cette phrase en relation avec la vision intérieure acquise par notre méditation, ce que nous voulons dire n'est pas voir les choses superficiellement avec nos yeux habituels, mais les voir avec sagesse telles qu'elles sont en elles-mêmes. « Voir avec sagesse » signifie voir les choses dans le cadre de notre complexe physico-mental, sans préjugés ni préventions provenant de notre convoitise, de notre aversion et de nos illusions. Ordinairement, lorsque nous observons les opérations du complexe physico-mental, nous avons tendance à cacher ou à ignorer ce qui nous déplaît et à nous cramponner à ce qui nous est agréable, car nous sommes influencés par nos désirs, nos ressentiments et nos illusions. Notre ego, notre moi, nos opinions interfèrent et colorent notre jugement.

En observant attentivement nos sensations corporelles, nous ne devons pas les confondre avec les formations mentales, car la sensation corporelle peut apparaître, sans relation avec elles. Par exemple, nous sommes confortablement assis. Après un moment, une sensation inconfortable apparaît dans le dos ou les jambes. Immédiatement, le mental perçoit cet inconfort et forme de nombreuses pensées autour de la sensation. À ce moment, sans confondre la sensation et les formations mentales, il faut isoler la sensation en tant que sensation et l'observer attentivement. La sensation est l'un des sept facteurs mentaux universels. Les six autres sont le contact, la perception, les formations mentales, la concentration, la force vitale et la conscience.

À un autre moment peut se produire une émotion telle que le ressentiment, la peur ou le désir. Nous devrons alors l'observer exactement telle qu'elle est, sans chercher à la confondre avec quoi que ce soit d'autre. Quand nous confondons, en un unique ensemble, forme corporelle, sensations, perceptions, formations mentales et conscience et que nous essayons d'observer le tout en tant que « ressenti », nous aboutissons à la confusion, car nous ne sommes pas capables de voir la source de la sensation et de l'émotion. Et si nous nous arrêtons à la sensation ou à l'émotion seule, en ignorant les autres facteurs, notre réalisation de la vérité devient très difficile. Notre but est de développer la perception directe de l'impermanence pour vaincre notre ressentiment. C'est la connaissance profonde de la souffrance qui permet de surmonter l'avidité, cause elle-même de la souffrance. Et la réalisation de l'absence d'ego surmonte l'ignorance résultant de la notion de soi.

Pour y parvenir, il faut d'abord voir séparément le mental et le corps. Après les avoir compris séparément, il faut voir leur essentielle interconnexion. À mesure que s'aiguise la vision directe, nous devenons de plus en plus conscients du fait que tous les niveaux travaillent ensemble. Aucun ne peut exister sans les autres. Il devient alors possible de voir le sens réel de la métaphore de l'aveugle qui possède un corps en bonne santé capable de marcher, et de l'invalide qui a de très bons yeux pour voir. Aucun d'eux ne peut grand-chose à lui seul. Mais lorsque l'invalide grimpe sur les épaules de l'aveugle, ensemble ils deviennent capables de voyager et d'atteindre leurs buts. De même, le corps seul ne peut rien pour lui-même. Il est comme une souche, incapable de bouger ou de faire quoi que ce soit, à l'exception d'être soumis à l'impermanence, à l'affaiblissement et à la mort. Le mental lui-même ne peut rien faire sans le support du corps. Lorsque nous observons attentivement à la fois le corps et le mental, nous pouvons voir toutes les choses merveilleuses qu'ils font ensemble.

En restant assis sans bouger, nous pouvons acquérir un certain degré d'Attention. En participant à une retraite, en passant plusieurs jours ou plusieurs mois à observer nos sensations et émotions, nos perceptions, un nombre sans fin de pensées et différents états de conscience, il est finalement possible d'être calmes et paisibles. Mais, normalement, nous ne pouvons pas consacrer autant de temps à rester en un même endroit pour méditer constamment. Par conséquent, il faut trouver une manière de mettre en œuvre l'Attention dans la vie courante pour traiter les événements imprévisibles quotidiens. Chaque jour, il faut faire face à l'imprévisible qui se produit en raison de causes et de conditions multiples, car nous vivons dans un monde conditionné et impermanent. L'Attention est notre trousse de sauvetage, immédiatement disponible, à n'importe quel moment.

Lorsque nous rencontrons une situation où nous ressentons de l'indignation, si nous scrutons attentivement notre propre esprit, nous découvrirons d'amères vérités sur nous-mêmes : que nous sommes égoïstes, égocentriques, attachés à notre moi ; que nous nous cramponnons à nos opinions, pensons avoir raison et tous les autres tort ; que nous sommes pleins de préjugés et de partialité, et, au fond, que nous ne nous aimons pas vraiment. Bien que cette découverte soit amère, c'est une expérience des plus enrichissantes. À terme, elle nous délivre de souffrances psychologiques et spirituelles profondément enracinées.

La pratique de l'Attention demande une honnêteté totale envers nous-mêmes. Lorsque nous observons notre corps et notre mental, nous remarquons des choses déplaisantes. Ne les aimant pas, nous essayons de les rejeter. Quelles sont-elles ? Nous ne voulons pas nous détacher de ceux que nous aimons ou vivre avec ceux que nous n'aimons pas. Nos goûts et dégoûts n'incluent pas seulement des gens, des endroits, des choses matérielles mais des opinions, des idées, des croyances et des décisions. Nous n'aimons pas ce qui nous arrive naturellement. Par exemple, vieillir, être malade, devenir faible ou montrer notre âge, car nous avons un grand désir de préserver notre apparence. Nous n'aimons pas que quelqu'un nous signale nos défauts, car nous plaçons beaucoup d'orgueil en nous-mêmes. Nous n'aimons pas que l'on soit plus sage que nous, car nous nous berçons d'illusions sur nous-mêmes. Et il ne s'agit là que de quelques exemples issus de notre propre expérience personnelle du désir, de l'aversion et de l'ignorance.

Lorsque le désir et l'ignorance apparaissent dans notre vie quotidienne, nous faisons usage de notre vigilance pour les débusquer et comprendre leurs racines. La racine de chacun de ces états est en nous. Si nous n'avions pas celle de l'aversion en nous, personne ne pourrait nous mettre en colère, car c'est elle qui réagit aux actions, paroles ou comportements. Étant vigilants, nous allons utiliser notre sagesse avec diligence pour regarder dans notre propre esprit. S'il n'y a pas d'aversion, nous ne nous sentirons pas offensés lorsque quelqu'un mettra nos faiblesses en évidence. Nous serons au contraire reconnaissants à celui qui nous les fait remarquer. Et il faut être extrêmement sage et vigilant pour remercier celui qui les met en évidence, nous permettant ainsi de prendre le chemin ascendant qui mène à l'amélioration de nous-mêmes. Tous, nous avons des zones d'ombre. L'autre est le miroir nous permettant de voir nos défauts avec sagesse. Nous devons considérer celui qui nous montre nos insuffisances comme quelqu'un qui déterre un trésor caché en nous, dont nous n'étions pas conscients. Nous améliorer est le droit chemin vers la perfection, qui est notre but dans la vie. C'est seulement en surmontant nos faiblesses que nous pourrons cultiver les nobles qualités profondément cachées dans notre subconscient. Mais avant d'essayer de surmonter nos défauts, nous devons les connaître.

Si nous sommes malades, il faut trouver la cause de notre maladie. Seulement alors pouvons-nous être soignés. Si nous prétendons ne pas être malades, bien que nous souffrions, nous ne serons jamais guéris. De même, si nous pensons ne pas avoir de défauts, jamais nous n'ouvrirons la voie spirituelle. Si nous sommes aveugles à nos propres imperfections, il faut quelqu'un pour nous les montrer. Nous devrions être reconnaissants à ceux qui le font, comme le Vénérable Sariputta qui disait : « Même si un jeune novice de sept ans mettait mes défauts en évidence, je l'accepterais avec le plus grand respect pour lui. » Le Vénérable Sariputta était un arahant, c'est-à-dire un « libéré », à cent pour cent attentif et sans aucun défaut. Comme il n'avait pas d'orgueil, il pouvait prendre cette attitude. Bien que nous ne soyons pas des saints, nous devons prendre la résolution d'essayer d'égaler son exemple, car notre but dans la vie est d'arriver là où il est arrivé.

Bien sûr, celui qui nous fait remarquer nos fautes peut lui-même avoir des défauts, mais il peut voir les nôtres comme nous pouvons voir les siens, alors qu'il ne s'en rend pas compte sans nos observations. Faire remarquer des fautes, réagir aux remarques, demande dans les deux cas la présence de l'Attention. Si quelqu'un perd la vigilance en nous faisant observer nos faiblesses et utilise un langage rude, il peut faire plus de mal que de bien, tant à lui-même qu'à celui à qui il s'adresse. Quelqu'un qui s'exprime avec ressentiment ne peut être ni vigilant ni clair. Quelqu'un qui se sent blessé par un langage dur risque de perdre son Attention et ne pas entendre ce qu'on est réellement en train de lui dire. Pour tirer profit du fait de parler comme d'écouter, l'Attention est, dans les deux cas, nécessaire. Grâce à elle, nos esprits sont libres de désir, d'égoïsme, d'aversion, et ils ne s'abusent pas eux-mêmes.

## Notre but

En tant que méditants nous devons avoir un but, car autrement nous tâtonnerions simplement dans l'obscurité en suivant aveuglément des instructions émanant de quelqu'un d'autre. Et il doit bien évidemment y avoir un but à tout ce que nous faisons de manière consciente et volontaire. Notre but n'est pas d'atteindre l'Illumination avant les autres, ni d'avoir plus de pouvoir, ni de faire plus de profit que d'autres, car les méditants de la vision intérieure ne sont pas en concurrence les uns avec les autres.

Notre but est d'atteindre la perfection de toutes les nobles et saines qualités latentes dans notre mental subconscient. Ce but comporte cinq éléments : purifier le mental, surmonter la tristesse et les lamentations, surmonter la douleur et le chagrin, marcher sur le juste chemin menant à la paix éternelle, atteindre le bonheur en suivant ce chemin. En gardant ce but en cinq points présent à l'esprit, nous pouvons avancer avec l'espoir et la confiance de l'atteindre.

## Pratique

Une fois assis, ne changez plus de position jusqu'à la fin de la durée que vous vous fixez. Supposez que vous changiez votre position initiale car elle est inconfortable, et que vous en preniez une autre : après un moment, cette nouvelle position deviendra inconfortable. Vous voudrez en prendre une nouvelle qui, à son tour, deviendra inconfortable. Ainsi, vous risquez de continuer à changer, bouger, passer d'une position à l'autre pendant tout le temps que vous passerez sur le coussin. Et vous ne parviendrez pas à un niveau de concentration profond ou significatif. Ne changez donc pas votre position initiale, aussi pénible qu'elle devienne.

Pour éviter d'en changer, déterminez au début la durée pendant laquelle vous allez rester assis. Si vous n'avez jamais médité, vingt minutes suffisent. À mesure que vous répéterez votre pratique, vous pourrez tenir plus longtemps. La durée de chaque session dépend du temps disponible, et de celui pendant lequel vous pouvez rester assis sans douleurs intolérables.

Il ne faut pas établir un planning pour parvenir au but, car la réussite dépend de la manière dont nous progresserons dans la pratique, sur la base de notre compréhension et du développement de nos facultés spirituelles. Il faut travailler avec diligence et vigilance vers le but, sans déterminer une date particulière pour l'atteindre. Lorsque nous serons prêts, nous y parviendrons. Tout ce que nous avons à faire est de nous préparer pour cette réalisation.

Une fois assis et immobile, fermez les yeux. Le mental est analogue à une bassine d'eau boueuse. Plus longtemps vous gardez immobile une eau boueuse, plus la boue se dépose et plus l'eau devient claire. De même, si vous restez tranquille sans bouger, en concentrant votre entière attention sans division sur le sujet de votre méditation, votre mental s'apaise et commence à ressentir le bonheur de la méditation.

Pour préparer cette réalisation, vous devez garder votre mental dans le moment présent, mais il change si vite qu'un observateur superficiel ne remarque pas son existence. Il faut comprendre qu'à chaque moment des événements se produisent et qu'aucun moment ne se passe sans un événement. Également, qu'il est impossible d'observer un moment sans remarquer les événements qui se produisent pendant sa durée. C'est donc sur le moment présent que nous essayons de porter notre attention pure. Le mental passe à travers une série d'événements comme une série de photos passe à travers un projecteur. Certaines de ces images proviennent de notre expérience passée, d'autres sont produites par l'imagination de ce que nous envisageons de faire dans le futur.

Il n'est pas possible de concentrer le mental sans qu'existe un objet sur lequel il puisse se fixer. C'est pourquoi nous devons lui en procurer un qui soit disponible à tout instant. La respiration est continuellement présente et il n'y a que peu d'effort à faire pour la trouver, car elle passe sans cesse par les narines, à l'inspiration comme à l'expiration. Comme la pratique a lieu pendant chaque moment de veille, le mental trouve très commode de se concentrer sur la respiration, qui est plus apparente et constante qu'aucun autre objet.

Une fois assis et après avoir partagé votre amour bienveillant avec tous, effectuez trois respirations profondes.

Ensuite, respirez normalement, en laissant votre respiration s'écouler librement, à l'inspiration comme à l'expiration, sans effort, et commencez à fixer votre attention sur le bord des narines. Remarquez simplement la sensation créée par la respiration qui entre et sort. Lorsqu'une inspiration est achevée, il y a une brève pause avant que ne commence l'expiration. Remarquez-la, et remarquez le début de l'expiration. Lorsque l'expiration est achevée, il y a une autre pause brève avant que ne commence l'inspiration. Remarquez cette pause également. Cela signifie qu'il existe deux pauses brèves, une à la fin de l'inspiration et l'autre à la fin de l'expiration. Ces deux pauses se produisent pendant un instant si bref que vous pouvez en être inconscient. Mais, si vous êtes attentif, vous les remarquerez.

N'exprimez rien en paroles, ne conceptualisez rien. Remarquez simplement l'inspiration et l'expiration sans vous dire « j'inspire » ou « j'expire ». En concentrant ainsi votre attention sur la respiration, ignorez toute pensée, mémoire, son, odeur, goût… et ajustez votre attention exclusivement sur la respiration, rien de plus.

Au début, l'inspiration et l'expiration sont courtes, car le corps et le mental ne sont pas calmes. Remarquez la sensation de cette courte inspiration et de cette courte expiration lorsqu'elles se produisent, sans dire « inspiration courte » ou « expiration courte ». À mesure que vous observerez la sensation de cette courte inspiration et de cette courte expiration, votre corps et votre mental deviendront relativement calmes. Votre respiration s'allongera alors. Observez maintenant la sensation de cette longue respiration telle qu'elle est, sans dire « respiration longue ». Ensuite, remarquez tout le processus de la respiration, du début à la fin. Après quoi, elle deviendra plus légère, et le calme du mental et du corps s'approfondira. Remarquez cette calme et paisible sensation produite par votre respiration.

## Que faire lorsque votre mental s'échappe ?

En dépit de votre effort concentré pour fixer le mental sur la respiration, il peut s'échapper. Il peut se diriger vers des expériences passées, et vous pouvez soudain vous retrouver en train de vous souvenir d'endroits que vous avez visités, de personnes que vous avez rencontrées, d'amis que vous n'avez pas vus depuis longtemps, d'un livre que vous avez lu il y a des mois, du goût d'un plat que vous avez mangé hier, etc. Aussitôt que vous vous rendez compte que votre mental n'est plus sur la respiration, ramenez-le avec Attention et ancrez-le sur la sensation. Cependant, quelques instants plus tard, il y a fort à parier que vous vous surprendrez en train de penser à payer vos factures, à téléphoner à un ami, à écrire une lettre, à organiser vos futures vacances et ainsi de suite. Aussitôt que vous remarquez que votre mental n'est plus sur votre sujet de méditation, ramenez-le avec Attention. Vous trouverez ci-après quelques suggestions pour vous aider à développer la concentration nécessaire à la pratique de l'Attention pure.

## 1. Compter

Dans une situation comme celle-là, compter peut aider. Le but est simplement de centrer le mental sur la respiration. Une fois qu'il est fixé sur elle, cessez de compter. C'est un moyen pour acquérir de la concentration. Il y a de nombreuses façons de compter, mais il faut seulement le faire mentalement. N'émettez aucun son en comptant. Voici quelques manières de procéder :

a) Pendant que vous inspirez, comptez « un, un, un, un… » jusqu'à ce que vos poumons soient pleins d'air. Pendant que vous expirez, comptez « deux, deux, deux, deux… » jusqu'à ce que les poumons soient vides. Ensuite, pendant que vous inspirez de nouveau, comptez « trois, trois, trois, trois… » jusqu'à ce qu'ils soient de nouveau pleins, et pendant que vous expirez, comptez « quatre, quatre, quatre, quatre… » jusqu'à ce qu'ils soient vides. Comptez ainsi jusqu'à dix, et recommencez autant de séries qu'il est nécessaire pour garder le mental centré sur la respiration.

b) La deuxième méthode consiste à compter rapidement jusqu'à dix. Pendant que vous comptez « un, deux, trois, quatre, cinq, six, sept, huit, neuf et dix », inspirez, et lorsque de nouveau vous comptez « un, deux, trois, quatre, cinq, six, sept, huit, neuf et dix », expirez. Cela signifie que vous devez compter jusqu'à dix pendant une inspiration et de même pendant une expiration. Répétez autant de fois qu'il est nécessaire pour centrer le mental sur la respiration.

c) La troisième méthode consiste à compter successivement jusqu'à dix. Cette fois-ci, comptez « un, deux, trois, quatre, cinq » (seulement jusqu'à cinq) pendant que vous inspirez et ensuite comptez « un, deux, trois, quatre, cinq, six » (jusqu'à six) pendant que vous expirez. De nouveau, comptez « un, deux, trois, quatre, cinq, six, sept » (seulement jusqu'à sept) pendant l'inspiration. Ensuite « un, deux, trois, quatre, cinq, six, sept, huit » pendant l'expiration. Comptez ainsi jusqu'à neuf pendant l'inspiration et jusqu'à dix pendant l'expiration. Répétez autant de fois qu'il est nécessaire pour centrer le mental sur la respiration.

d) La quatrième méthode consiste à prendre une longue inspiration. Quand les poumons sont pleins, comptez mentalement « un » et expirez complètement jusqu'à ce qu'ils soient vides. Alors, comptez mentalement « deux ». Prenez de nouveau une longue inspiration et comptez « trois », et expirez complètement comme précédemment. Quand les poumons sont vides, comptez mentalement « quatre ». Poursuivez ainsi en comptant votre respiration jusqu'à dix. Ensuite comptez à l'envers de dix à un. Puis de nouveau de un à dix. Puis de dix à un…

e) La cinquième méthode consiste à joindre l'inspiration et l'expiration. Quand les poumons sont vides, comptez mentalement « un ». Cette fois-ci, vous devez compter l'inspiration et l'expiration ensemble pour « un ». De nouveau, inspirez, expirez et mentalement comptez « deux ». Cette façon de compter doit être faite seulement jusqu'à cinq et répétée de cinq à un. Continuez cette méthode jusqu'à ce que votre respiration devienne subtile et calme.

Souvenez-vous que vous ne devez pas continuer à compter constamment. Aussitôt que votre attention est fixée à la pointe des narines, à l'endroit où vous percevez la sensation du passage de l'air, et quand votre respiration est devenue si fine et si calme que vous ne pouvez plus distinguer l'inspir de l'expir, alors cessez de compter. Compter est seulement utilisé pour apprendre à se concentrer sur un point.

## 2. Joindre

Après avoir inspiré, n'attendez pas d'observer la brève pause qui précède l'expiration, mais joignez l'inspiration à l'expiration, de façon à pouvoir les sentir comme un souffle continu.

## 3. Fixer

Après avoir joint l'inspiration à l'expiration, fixez votre mental sur le point où vous en percevez la sensation. Inhalez et exhalez comme s'il s'agissait d'un seul souffle caressant le bord des narines.

## 4. Concentrez votre esprit comme un menuisier

Un menuisier trace une ligne droite sur la planche qu'il veut couper. Ensuite, il la coupe avec sa scie le long du trait. Il ne regarde pas les dents de la scie alors qu'elles pénètrent ou sortent de la planche. Il concentre son attention entière sur la ligne qu'il a tracée de manière à pouvoir couper droit. De même, gardez votre mental juste sur le point où vous sentez la respiration au bord de vos narines.

## 5. Transformez votre mental en gardien de portail

À l'entrée d'un immeuble, un gardien ne tient pas compte des détails relatifs aux gens qui pénètrent dans le bâtiment. Il remarque simplement ceux qui entrent et sortent par le portail. De même, lorsque vous vous concentrez, vous ne devez tenir compte d'aucun détail de votre expérience. Simplement, remarquez la sensation produite par votre inspiration et votre expiration lorsqu'elles vont et viennent au bord des narines.

À mesure que vous poursuivez votre pratique, le mental et le corps deviennent si légers que vous pouvez avoir l'impression de flotter dans l'air ou dans l'eau. Vous pouvez même sentir que votre corps bondit vers le ciel. Lorsque l'inspiration et l'expiration grossières ont cessé, l'inspiration et l'expiration subtiles apparaissent. Cette respiration-là est l'objet sur lequel vous concentrez le mental. C'est le signe de la concentration. Cette première apparition d'un signe-objet sera remplacée par un signe-objet de plus en plus subtil. Cette « finesse » du signe peut être comparée au son d'une cloche. Frappée avec une lourde tige de fer, vous entendez d'abord un son grossier. À mesure qu'il s'estompe, il devient de plus en plus ténu. De même, l'inspiration et l'expiration apparaissent au début comme un signe grossier. Mais maintenez sur elles votre attention pure, elles deviennent plus fines ; la conscience demeure fixée totalement au bord des narines. Et, quand le signe se développe, d'autres objets deviennent de plus en plus clairs. En raison même de cette subtilité, il se peut que vous ne perceviez plus la présence de la respiration. Ne soyez pas inquiet et ne pensez pas l'avoir perdue ou que votre pratique ne fonctionne pas. Ne vous inquiétez pas. Soyez attentif et déterminé à retrouver votre sensation de la respiration au bord des narines. C'est le moment où vous devez pratiquer avec plus de vigueur en équilibrant votre énergie, votre foi, votre attention, votre concentration et votre sagesse.

## La comparaison du fermier

Supposons un fermier qui utilise des buffles pour labourer son champ de riz. À la mi-journée, fatigué, il détache ses buffles puis va se reposer à l'ombre fraîche d'un arbre. Lorsqu'il s'éveille, il ne voit pas ses animaux. Sans s'inquiéter, il marche jusqu'à l'endroit où les bêtes se rassemblent pour boire dans la chaleur de la mi-journée et y trouve ses buffles. Sans aucun problème, il les ramène, les attache de nouveau à la charrue et recommence à labourer son champ.

De même, à mesure que vous poursuivez votre exercice, votre respiration devient si subtile et si fine que vous pouvez ne plus être capable de la sentir. Lorsque cela arrive, ne vous inquiétez pas. Elle n'est pas disparue. Elle est toujours exactement là où elle se trouvait, aux bords des narines. Faites alors quelques respirations rapides et vous en sentirez de nouveau la sensation. Et continuez de porter votre attention pure à la sensation de contact du souffle aux bords des narines.

En gardant votre mental concentré aux bords des narines, vous deviendrez capable de remarquer le signe du développement de la méditation. Vous percevrez la sensation agréable du signe. Différents méditants le perçoivent différemment. Tantôt c'est une étoile, une pierre précieuse ronde, une perle ronde, une longue cordelette, une guirlande de fleurs, une bouffée de fumée, un épi de maïs, un film de nuages, une fleur de lotus, le disque de la Lune ou du Soleil.

Précédemment, vos objets de méditation étaient l'inspiration et l'expiration. Maintenant, le signe est votre troisième objet. Lorsque vous concentrez votre mental sur ce troisième objet, il atteint un niveau de concentration suffisant pour que vous puissiez pratiquer la méditation de la vision intérieure. Le signe est fortement présent au bord des narines. Acquérez-en la maîtrise et le plein contrôle, de manière qu'il soit disponible à quelque moment que vous le souhaitiez. Unissez le mental au signe qui se trouve dans le moment présent et laissez le mental s'écouler avec chaque moment successif. En portant votre attention pure sur le signe, vous verrez qu'il change lui-même à chaque instant. Conservez votre mental sur les moments changeants.

Remarquez aussi que c'est uniquement sur le moment présent que votre mental peut être concentré. Cette union du mental avec le moment présent est appelée « concentration momentanée ». Comme les moments s'effacent de manière incessante, l'un après l'autre, le mental doit suivre au même rythme, changeant avec eux, apparaissant et disparaissant avec eux sans s'attarder à aucun d'entre eux. Si nous essayons d'arrêter le mental sur un moment, nous nous retrouvons frustrés, car il n'est pas possible de le maintenir fixé. Il est obligé de suivre ce qui arrive pendant le nouveau moment. Mais, comme le moment présent peut être trouvé n'importe quand, chaque moment de veille peut devenir un moment de concentration.

Pour unir le mental au moment présent, il faut trouver quelque chose se passant pendant ce moment. Mais il est impossible de focaliser le mental sur chaque moment changeant sans un degré de concentration lui permettant d'aller à la même allure. Une fois ce degré de concentration atteint, vous pouvez l'utiliser pour diriger l'attention sur tout ce dont vous faites l'expérience : le mouvement de gonflement et de retrait de l'abdomen, de la poitrine ; l'apparition ou la disparition d'une sensation ou d'une émotion ; la respiration, des pensées, etc.

Pour progresser dans la méditation de la vision intérieure, ce type de « concentration momentanée » est nécessaire, mais c'est tout ce dont vous avez besoin, car toute chose dans votre expérience ne vit que pendant un moment. Lorsque vous focalisez cet état mental concentré sur les changements se produisant dans votre esprit et dans votre corps, vous remarquez que la respiration est la partie physique tandis que la sensation de la respiration, la conscience de la sensation et la conscience du signe sont les parties mentales.

Pendant que vous les observez, vous devenez conscient qu'elles changent de manière incessante. En dehors de la sensation de la respiration, plusieurs autres types de sensations se produisent dans le corps. Observez-les. Ne cherchez pas à créer une sensation quelconque, qui ne serait pas naturellement présente. Mais observez toute sensation qui apparaît. Quand les pensées apparaissent, remarquez-les aussi. Tout ce que vous devez remarquer est la nature impermanente, insatisfaisante et sans ego de vos expériences, qu'elles soient physiques ou mentales.

À mesure que votre Attention se développe, votre ressentiment envers le changement, votre dégoût pour les expériences déplaisantes, votre soif d'expériences agréables et la notion de soi seront remplacés par la vision intérieure plus profonde de l'impermanence, de l'insatisfaction et de l'absence de soi. Cette connaissance de la réalité au sein de votre expérience vous aidera à promouvoir une attitude plus calme, plus paisible, plus mûre envers votre vie. Vous verrez que ce que vous pensiez précédemment être permanent change à une rapidité si inconcevable que votre mental ne peut même pas suivre ces changements. Pourtant, vous serez capable d'en observer beaucoup. Vous verrez la subtilité de l'impermanence et la subtilité de l'absence de soi. Cette vision intérieure vous montrera le chemin de la paix, du bonheur, et vous donnera la sagesse pour traiter vos problèmes quotidiens.

Lorsque le mental est uni à la respiration qui s'écoule constamment, nous sommes capables naturellement de le focaliser sur le moment présent. Nous pouvons observer la sensation qui apparaît au contact de la respiration avec le bord des narines. Lorsque l'élément terre de l'air que nous inspirons et expirons entre en contact avec l'élément terre des narines, le mental perçoit le flux de l'air vers l'intérieur ou l'extérieur. La sensation de chaleur qui apparaît aux narines et dans toute autre partie du corps provient du contact avec l'élément feu généré par le processus de la respiration. La sensation de l'impermanence de la respiration apparaît lorsque l'élément terre du souffle touche les narines. Bien que l'élément eau soit présent dans la respiration, le mental ne peut le percevoir.

Nous ressentons aussi la dilatation et la contraction des poumons, de l'abdomen et du bas-ventre lorsque l'air est inspiré et expiré. Dilatation et contraction de l'abdomen, du bas-ventre et de la poitrine font partie du rythme universel. Tout dans l'univers possède ce même rythme d'expansion et de contraction, juste comme notre respiration et notre corps. Tout apparaît et disparaît. Toutefois, notre principal sujet d'attention demeure le phénomène d'apparition et de disparition de la respiration et de minuscules parties de nos esprits et de nos corps.

Allant avec l'inspiration, nous faisons l'expérience d'un petit degré de calme. Ce petit degré de calme, libre de tension, se transforme en tension si nous n'expirons pas après quelques instants. En expirant, cette tension est relâchée. Après l'expiration, nous nous sentons inconfortables si nous attendons trop longtemps avant que l'air frais ne soit de nouveau inspiré. Cela signifie que chaque fois que nos poumons sont pleins, il y a obligation d'expirer et chaque fois qu'ils sont vides, celle d'inspirer.

Inspirant et expirant, nous faisons ainsi l'expérience de petits degrés de calme. Nous désirons ce calme et le relâchement de la tension, et nous n'aimons ni la tension ni la sensation qui résulte d'un manque. Nous souhaitons voir le calme durer plus longtemps et la tension disparaître plus vite qu'elle ne le fait. Mais la tension ne part pas aussi vite que nous le souhaitons, et le calme ne dure pas aussi longtemps que nous le désirons. Et, de nouveau, nous voici agités ou irrités, car nous désirons que le calme revienne et dure plus longtemps et que la tension disparaisse plus rapidement et ne revienne pas. Nous percevons ainsi comment même ce très léger désir de permanence dans une situation d'impermanence cause une souffrance et rend malheureux. Et, étant donné qu'il n'existe pas d'« entité-moi » pour contrôler la situation, notre désappointement va grandissant.

Toutefois, si nous observons la respiration sans désirer le calme et sans répulsion pour la tension, en ressentant simplement l'impermanence de la respiration, ses caractères insatisfaisants et sans ego, alors le mental devient paisible et calme.

Par ailleurs, le mental ne demeure pas toujours fixé sur la sensation de la respiration. Il se dirige vers des bruits, des souvenirs, des émotions, des perceptions, également vers des consciences et des formations mentales. Lorsque nous faisons ces expériences, il faut oublier la sensation de la respiration et focaliser immédiatement notre attention sur elles. Une à la fois, pas toutes en même temps. Lorsqu'elles s'estompent, nous laissons l'attention retourner à la respiration, qui constitue la demeure de base où elle peut revenir après de rapides ou longs voyages vers ces différents états du mental et du corps. Il faut nous souvenir que tous ces voyages mentaux ont lieu dans le mental lui-même.

Chaque fois qu'il retourne à la respiration, il revient avec une vision plus profonde de l'impermanence, de l'insatisfaction et de l'absence de soi. Par l'observation impartiale et sans distorsion de ces éléments, il devient plus pénétrant. Il comprend que ce corps, ces sensations, ces différents états de conscience et ces multiples formations mentales sont seulement à utiliser dans le but d'acquérir une vision intérieure plus profonde de la réalité du complexe corps-mental.

# Que faire de votre corps ?

La méditation est pratiquée depuis plusieurs milliers d'années. Avec une telle durée d'expérimentation on peut comprendre que la procédure en ait été très, très affinée. La voie bouddhiste a toujours reconnu que le mental et le corps sont étroitement liés et que chacun influence l'autre. Aussi existe-t-il certaines pratiques physiques recommandées qui vous aideront grandement à maîtriser votre art. Et elles doivent être suivies. Toutefois, ne confondez pas les choses. Méditer ne veut pas dire s'asseoir dans la position du lotus. Méditer est une habileté mentale qui peut être pratiquée où vous le souhaitez. Mais il existe des postures qui vous aideront à apprendre la technique et qui accéléreront votre progrès et votre développement. Aussi, utilisez-les.

## Règles générales

Le but des différentes postures est triple. Premièrement, elles procurent une sensation stable dans le corps, ce qui permet de dégager votre attention des problèmes d'équilibre et de fatigue musculaire, et de centrer votre concentration sur l'objet formel de méditation. Deuxièmement, elles favorisent l'immobilité physique qui est reflétée par une immobilité mentale. Troisièmement, elles vous donnent la possibilité de rester assis pendant une longue durée sans avoir à céder aux trois ennemis principaux du méditant : la douleur, la tension musculaire et la somnolence.

Le plus essentiel consiste à vous asseoir avec le dos droit. La colonne vertébrale doit être droite, avec les vertèbres positionnées comme un rouleau de pièces de monnaie, l'une sur l'autre. Votre tête doit être alignée avec le reste de la colonne vertébrale. Tout cela est à faire de manière détendue. Pas de raideur. Vous n'êtes pas un soldat de plomb et il n'y a pas d'adjudant de service. Il ne doit pas y avoir de tension musculaire provenant du fait de garder le dos droit. Asseyez-vous avec légèreté et aise. La colonne vertébrale devrait ressembler à un jeune arbre bien ferme poussant dans une terre meuble. Et le reste du corps est simplement suspendu à la colonne, de manière relâchée et détendue. Tout cela va vous demander un peu d'expérimentation. Généralement, nous nous tenons avec raideur, dans des positions défensives, lorsque nous parlons ou marchons, et dans des postures avachies lorsque nous nous détendons. Ni les unes ni les autres ne sont bonnes. Mais il s'agit d'habitudes provenant du milieu culturel et il est possible d'en apprendre de nouvelles.

Votre objectif est d'arriver à une posture dans laquelle vous puissiez rester assis pendant toute la séance, sans bouger du tout. Au début, vous trouverez probablement un peu bizarre d'être assis avec le dos droit. Mais vous vous y habituerez. Il faut de la pratique et une posture droite est très importante. C'est ce qu'en physiologie on appelle une position d'éveil. La vigilance mentale vient avec elle. Ce sur quoi vous vous asseyez est également important. Vous aurez besoin d'une chaise ou d'un coussin, selon la posture que vous choisirez, et la fermeté du siège doit être choisie avec soin. Trop mou, il peut directement vous mener au sommeil, trop dur, provoquer des douleurs.

## Vêtements

Les vêtements que vous portez pour la méditation doivent être amples et doux. S'ils diminuent la circulation du sang ou s'ils exercent une pression sur les nerfs, il en résultera des douleurs ou cette sensation d'engourdissement et de picotements que nous traduisons ordinairement en disant « j'ai les jambes engourdies ». Si vous portez une ceinture, détachez-la. Ne portez pas de pantalons serrés ou en tissus épais. Les jupes longues constituent un bon choix pour les femmes. Des pantalons lâches en tissu fin ou en Elastiss conviennent à tout le monde. En Asie, le vêtement traditionnel consiste en des robes souples et amples que l'on trouve dans une grande variété de styles, comme les sarongs ou les kimonos. Enlevez vos chaussures, et si vos chaussettes ou vos bas vous serrent ou sont ajustés, enlevez-les également.

## Postures traditionnelles

Lorsque vous vous asseyez sur le sol à la manière asiatique traditionnelle, il vous faut un coussin pour rehausser votre colonne vertébrale. Choisissez-le relativement ferme et d'au moins 8 cm d'épaisseur une fois compressé. Asseyez-vous à l'avant du coussin et laissez vos jambes croisées reposer sur le sol devant vous. S'il est recouvert de moquette, cela peut suffire pour soulager la pression sur vos tibias et sur vos chevilles. Sinon, vous aurez certainement besoin d'un certain rembourrage. Une couverture pliée convient. Ne vous asseyez pas au fond du coussin. Cette position entraîne une pression du bord avant du coussin sur la partie inférieure des cuisses, qui crée un pincement des nerfs et une douleur dans la jambe.

Il y a plusieurs façons de plier vos jambes. Nous allons en citer quatre en ordre croissant de préférence :

1. Style indien d'Amérique : votre pied droit est placé sous le genou gauche et le pied gauche sous le genou droit.

2. Style birman : vos deux jambes reposent à plat sur le sol du genou jusqu'au pied. Elles sont parallèles entre elles et l'une devant l'autre.

3. Demi-lotus : vos deux genoux touchent le sol. L'une des jambes y compris le pied repose à plat sur le mollet de l'autre jambe.

4. Lotus complet : les deux genoux touchent le sol, et vos jambes se croisent à hauteur des mollets. Votre pied gauche repose sur la cuisse droite et votre pied droit sur la cuisse gauche. Les deux plantes de pied sont tournées vers le haut.

Dans toutes ces postures, vos deux mains sont posées en forme de coupe l'une sur l'autre, et elles reposent contre l'abdomen, les paumes tournées vers le haut. Les mains se situent juste sous le nombril avec la courbure des poignets appuyée sur la cuisse. Cette position des mains fournit un soutien ferme pour la partie supérieure du corps. Ne raidissez pas votre cou ni les muscles des épaules. Détendez vos bras. Votre diaphragme est relaxé, dilaté au maximum. Ne laissez pas la tension monter dans la zone stomacale. Votre menton est rehaussé. Vos yeux peuvent être ouverts ou fermés. Si vous les gardez ouverts, fixez-les sur la pointe du nez ou à une distance moyenne, juste devant vous. Vous ne regardez rien. Vous avez juste placé vos yeux dans une direction arbitraire où il n'y a rien de particulier à voir, de manière que vous puissiez oublier la vue. Pas de tension. Ne vous raidissez pas et ne soyez pas rigide. Détendez-vous. Laissez le corps naturel et souple. Laissez le pendre à partir de la colonne vertébrale tenue droite, comme une poupée de chiffons.

Le demi-lotus et le lotus complet sont les postures de méditation traditionnelles en Asie. Et le lotus complet est considéré comme étant la meilleure. C'est de loin la plus stable. Une fois que vous êtes verrouillé dans cette position, vous pouvez rester complètement immobile pendant une très longue période. Étant donné qu'elle requiert une souplesse des jambes considérable, tout le monde ne peut pas la prendre. Par ailleurs, ce n'est pas à partir de ce que les autres en disent que vous choisissez votre posture. Choisissez celle qui vous permet de rester le plus longtemps sans douleur et immobile. Faites l'essai avec différentes positions. Les tendons s'assoupliront avec la pratique. Et vous pourrez alors progresser vers le lotus complet.

## Assis sur une chaise

Il se peut que vous ne puissiez pas vous asseoir par terre, soit à cause de douleurs, soit pour une autre raison. Pas de problème. Vous pouvez toujours utiliser une chaise à la place. Choisissez-en une qui ait un siège plat, un dos droit et pas de bras. Il est préférable de vous asseoir de manière que votre dos ne touche pas celui de la chaise. Le bois du siège ne doit pas creuser la partie inférieure de vos cuisses. Placez vos jambes côte à côte, les pieds à plat sur le sol. Comme pour les postures traditionnelles, placez les deux mains contre l'abdomen, en forme de coupe, l'une sur l'autre. Ne raidissez pas votre cou ni les muscles de vos épaules, et relaxez les bras. Vos yeux peuvent être clos ou ouverts.

Dans toutes les postures précédentes, souvenez-vous de vos objectifs. Vous voulez parvenir à un état d'immobilité complète mais sans vous endormir. Souvenez-vous de la comparaison avec l'eau boueuse. Vous voulez promouvoir un état d'apaisement total du corps qui engendrera un apaisement mental correspondant. Mais il doit exister également une vigilance physique qui provoquera le type de clarté mentale que vous désirez. Par suite, expérimentez. Votre corps est un instrument pour créer les états mentaux désirés. Utilisez-le de manière judicieuse.

# Que faire de votre mental ?

La méditation que nous enseignons s'appelle « méditation de la vision intérieure ». Comme nous l'avons dit, la variété des objets de méditation possibles est presque illimitée, et les êtres humains en ont utilisé un nombre considérable à travers les âges. Même au sein de la tradition Vipassana, il existe des variantes. Certains enseignants apprennent à leurs élèves à suivre la respiration en observant les mouvements de dilatation et de contraction de l'abdomen. D'autres recommandent de focaliser l'attention sur la sensation de contact du corps sur le coussin, ou sur celle des mains qui se touchent, ou sur le toucher des jambes entre elles. La méthode que nous expliquons est, toutefois, considérée comme la plus traditionnelle et probablement celle que le Bouddha Gautama enseigna à ses disciples. Le Satipatthana sutta, le discours original du Bouddha sur l'Attention, exprime spécifiquement que l'on doit d'abord commencer par focaliser l'attention sur la respiration et poursuivre ensuite en observant tous les autres phénomènes physiques et mentaux qui apparaissent.

Ainsi, nous observons l'air entrant et sortant de notre nez. À première vue, cela paraît être un exercice extrêmement bizarre et sans intérêt. Avant d'entrer dans des instructions spécifiques, examinons-en les raisons. La première question que nous pouvons nous poser est : pourquoi utiliser un quelconque support d'attention ? Après tout, nous cherchons à développer la présence d'esprit. Pourquoi ne pas nous asseoir simplement et être conscients de ce qui se trouve dans le mental, quelle qu'en soit la nature ? En fait, il existe des méditations de ce type. Il y est parfois fait référence sous le vocable de « méditation non structurée » et elles sont très difficiles. Le mental est rusé. La pensée est un processus intrinsèquement compliqué. Nous voulons dire par là que nous nous faisons prendre au piège, enfermer, et enliser dans la chaîne des pensées. Une pensée en entraîne une autre, qui mène à une autre, et à une autre, etc. Un quart d'heure plus tard, nous nous réveillons soudainement et nous nous rendons compte que nous avons passé tout ce temps dans un rêve éveillé, un fantasme sexuel ou une série de préoccupations concernant nos factures à payer ou quoi que ce soit d'autre.

Il y a une différence entre être conscient d'une pensée et penser une pensée. Cette différence est très subtile. C'est essentiellement une question de sensation ou de texture. Une pensée dont vous êtes simplement conscient par l'attention pure est ressentie comme légère dans sa texture. Il y a un sentiment de distance entre cette pensée et la conscience qui la perçoit. Elle apparaît légèrement, comme une bulle, et elle disparaît sans donner nécessairement naissance à la pensée suivante dans cette chaîne. La pensée consciente normale est d'une texture beaucoup plus lourde. Elle est pesante, impérieuse et contraignante. Elle vous aspire et prend le contrôle de la conscience. De par sa nature même, elle est obsessionnelle, et elle conduit directement à la pensée suivante dans la chaîne, sans intervalle apparent entre les pensées.

La pensée consciente établit une tension correspondante dans le corps, une contraction musculaire par exemple ou une accélération du rythme cardiaque. Mais vous ne la percevez pas tant qu'elle n'a pas grandi au point d'entraîner une véritable douleur, car la pensée consciente ordinaire est vorace. Elle s'empare de votre attention dans sa totalité et n'en laisse rien pour observer son propre effet. La différence entre être conscient de la pensée et penser la pensée est très réelle. Mais cette différence est difficile à percevoir. La concentration est l'un des éléments nécessaires pour y parvenir.

La concentration profonde a pour effet de ralentir le processus mental et d'accélérer la conscience qui l'observe. Il en résulte une capacité plus grande pour examiner le mécanisme de la pensée. Elle joue le rôle d'un microscope permettant de regarder des états intérieurs subtils. En focalisant l'attention, nous développons un état dans lequel le mental est fixé sur un objet unique sur lequel s'applique une attention calme et constante. Sans un tel point fixe de référence, vous vous perdez, vaincu par les vagues incessantes du changement qui tourbillonnent dans le mental.

C'est la respiration qui est utilisée pour centrer l'attention. Elle joue le rôle de point de référence essentiel à partir duquel le mental vagabonde et auquel il peut être ramené. Les distractions ne peuvent être perçues en tant que telles que s'il existe un point de référence dont il est possible d'être distrait. C'est le cadre nécessaire pour observer les changements incessants et les intentions constantes qui font partie de la pensée ordinaire.

Les anciens textes pali comparent la méditation au dressage d'un éléphant sauvage. En ce temps-là, la méthode consistait à attacher un éléphant nouvellement capturé à un piquet au moyen d'une corde bien solide. Quand on pratique ainsi, l'éléphant n'est pas heureux. Il barrit, martèle le sol et cherche à arracher le piquet des jours durant. Finalement, l'idée qu'il est impossible de s'échapper finit par lui entrer dans le crâne et il se calme. Une fois arrivé là, vous pouvez commencer à le nourrir et à le manier avec un certain degré de sécurité. Finalement, vous n'avez plus besoin de la corde ni du piquet, et vous pouvez dresser votre éléphant pour qu'il accomplisse des travaux variés. Vous disposez alors d'un éléphant apprivoisé pouvant effectuer des tâches utiles. Dans cette analogie, l'éléphant est notre mental avec son activité sauvage, la corde est l'attention et le piquet l'objet de méditation : la respiration.

L'éléphant apprivoisé qui émerge du processus est un mental bien dressé, concentré, pouvant être utilisé pour percer les couches d'illusions qui obscurcissent la réalité. La méditation dresse le mental.

La question suivante qu'il nous faut traiter est : pourquoi choisir la respiration comme objet de méditation principal ? Pourquoi ne pas utiliser quelque chose d'un peu plus intéressant ? Les réponses sont nombreuses. Un objet utile doit promouvoir l'Attention. Il doit pouvoir être emporté avec soi, être facile à trouver et bon marché. Il ne doit pas nous entraîner dans le type d'états dont nous sommes en train d'essayer de nous libérer, tels que l'avidité, la colère et l'illusion. La respiration répond à tous ces critères et à d'autres encore. Elle est commune à tous les êtres humains. Nous la transportons tous avec nous, où que nous allions. Elle est toujours présente, constamment disponible, ne s'arrêtant jamais depuis la naissance jusqu'à la mort, et elle ne coûte rien.

C'est aussi un processus non conceptuel, quelque chose dont on peut faire directement l'expérience sans avoir besoin de la pensée. De plus, c'est un phénomène très vivant, un aspect de la vie en changement constant. Elle se déroule selon des cycles : inspiration, expiration, entrée, sortie de l'air. C'est aussi un modèle miniature de la vie elle-même.

La sensation de la respiration est subtile, et pourtant très distincte lorsque vous apprenez à vous mettre à son écoute.

Il faut un peu d'effort pour la trouver. Mais tout le monde peut le faire. Vous devez vous y mettre et travailler, mais pas trop dur. Pour toutes ces raisons, la respiration constitue un objet de méditation idéal. Normalement, elle est involontaire et fonctionne à son propre rythme, sans volonté consciente. Pourtant, un simple jeu de la volonté peut la ralentir ou l'accélérer, la rendre longue et régulière ou courte et saccadée. L'équilibre entre la respiration involontaire et la manipulation voulue du souffle est très délicat. Et il y a là des leçons à apprendre sur la nature de la volonté et du désir. De plus, la partie située au bord des narines peut être considérée comme une sorte de fenêtre entre les mondes intérieur et extérieur. C'est un point de liaison et un lieu de transfert d'énergies où des éléments du monde extérieur entrent et deviennent une partie de ce que nous appelons « moi » et où une partie de « moi » s'écoule pour venir se fondre dans le monde extérieur. Là se trouve beaucoup à découvrir sur le concept de « soi » et sur la manière dont nous le formons.

La respiration est un phénomène commun à tous les êtres vivants. Une véritable compréhension expérimentale du processus nous rapproche des autres êtres. Elle nous montre notre relation inhérente avec toutes les formes de vie. Enfin, la respiration se produit dans le présent. Nous voulons dire qu'elle s'effectue toujours dans l'« ici et maintenant ». Naturellement, nous ne vivons pas dans le présent. Nous passons la plus grande partie de notre temps absorbés dans des souvenirs ou projetés dans le futur, pleins de soucis et de projets. La respiration n'a rien de cet « autre temps ». Lorsque nous l'observons vraiment, nous sommes automatiquement placés dans le présent. Nous sommes extirpés du marécage des images mentales et placés dans une pure expérience de l'ici et maintenant. En ce sens, la respiration est une tranche vivante de la réalité. Une observation vigilante d'un tel modèle miniature de la vie elle-même apporte des connaissances largement applicables au reste de notre expérience.

Le premier pas pour utiliser la respiration comme objet de méditation est de la trouver. Ce que vous recherchez est la sensation physique, tactile, de l'air passant à travers les narines pour entrer et sortir. Généralement, elle se trouve juste à la pointe du nez. Mais l'endroit exact varie d'une personne à l'autre en fonction de la forme du nez. Pour trouver votre propre point, prenez une inspiration profonde et rapide et remarquez où vous éprouvez la sensation la plus claire du passage de l'air. Maintenant, expirez et notez la sensation au même endroit. C'est à partir de ce point que vous allez suivre le passage complet du souffle. Une fois que vous avez détecté votre propre point avec clarté, ne vous en écartez plus. Utilisez cet unique endroit pour garder votre attention fixée, sinon vous vous retrouverez en train de chercher constamment le point juste, car la sensation vous semblera se déplacer à chaque instant.

Si vous avez jamais scié du bois, vous savez déjà comment opérer. Vous ne restez pas à regarder la scie monter et descendre. Vous auriez la tête qui tourne. Vous fixez votre attention à l'endroit où les dents mordent le bois. C'est la seule façon de scier droit. En tant que méditant, vous fixez votre attention sur cet unique endroit où la sensation est la plus claire à l'intérieur du nez. Et à partir de cette position privilégiée, vous observez le mouvement entier de la respiration avec une attention claire et concentrée. Ne cherchez pas à la contrôler. Il ne s'agit pas d'un exercice respiratoire du type de ceux pratiqués en yoga. Concentrez-vous sur le mouvement naturel et spontané de la respiration. Ne cherchez pas à la régulariser ni à l'amplifier d'une manière quelconque. La plupart des débutants ont des difficultés dans ce domaine. Pour s'aider, ils accentuent inconsciemment leur respiration. Un effort non naturel et forcé en résulte qui, en réalité, inhibe la concentration au lieu de l'aider. N'accentuez pas la profondeur de la respiration ni sa sonorité. Ce dernier point est particulièrement important en groupe. Une respiration sonore peut constituer une gêne réelle pour ceux qui sont autour de vous. Laissez simplement la respiration se faire naturellement, comme si vous dormiez. Lâchez prise et laissez le processus s'effectuer à son propre rythme.

Cela a l'air simple, mais c'est plus difficile que vous ne le pensez. Ne soyez pas découragé si vous découvrez votre propre volonté en train d'interférer. Utilisez simplement ce fait pour observer la nature de l'intention consciente. Observez la relation subtile entre la respiration, l'impulsion de la contrôler et celle de cesser de la contrôler. Vous trouverez peut-être cet exercice frustrant pendant un certain temps, mais c'est hautement profitable en tant qu'enseignement expérimental, et c'est une phase passagère. Finalement, la respiration s'effectuera selon ses propres moyens et vous ne ressentirez plus l'impulsion de la contrôler. À ce point, vous aurez appris une leçon majeure sur votre propre besoin compulsif de contrôler l'univers.

La respiration, qui paraît à première vue sans intérêt, est, en réalité, très complexe et prenante. Il y a l'inspiration et l'expiration, la respiration longue ou courte, profonde ou superficielle, égale ou inégale. Ces types se mêlent les uns aux autres de manière complexe. Observez la respiration de près, étudiez-la. Vous trouverez des variations considérables et des séquences qui se répètent. C'est comme une symphonie. N'observez pas seulement les grandes lignes. Il y a plus à voir qu'une simple inspiration et une expiration. Chaque inspir passe par un processus de naissance, de croissance et de mort et chaque expir en fait autant. La profondeur et la vitesse de votre respiration se modifient selon vos états émotionnels, la pensée qui vous traverse l'esprit et les sons que vous entendez. Étudiez ces phénomènes. Vous les trouverez très intéressants.

Cela ne veut pas dire, néanmoins, que vous deviez rester, assis, à mener des petites conversations avec vous-même dans votre tête : « Il y a une respiration courte et saccadée et une longue et profonde. Je me demande ce qui va venir maintenant. » Non, cela n'est pas Vipassana. C'est penser. Vous trouverez que ce genre de choses arrive principalement au début. C'est une phase passagère. Remarquez simplement le phénomène et dirigez de nouveau votre attention sur l'observation de la sensation de la respiration. Des distractions mentales apparaîtront encore. Ramenez de nouveau votre attention sur votre respiration, et encore, encore, encore… aussi longtemps qu'il le faudra, jusqu'à ce que cela n'arrive plus.

Au début, lorsque vous appliquez cette méthode, il faut vous attendre à rencontrer quelques difficultés. Votre mental va constamment s'égarer, se lancer dans toutes les directions comme le ferait un bourdon ivre, se jeter en trombe sur des voies de traverse impensables. Essayez de ne pas vous inquiéter. Le phénomène du « mental-singe » est bien connu. C'est une chose à laquelle tous les méditants avancés ont dû faire face. Ils ont réussi à le dépasser, d'une manière ou d'une autre, et vous pouvez en faire autant. Lorsque cela arrive, notez simplement le fait que vous avez été en train de penser, de rêver, de vous tourmenter ou quoi que ce soit. Avec douceur mais fermement, sans vous énerver ni vous juger pour cet égarement, revenez à la simple sensation physique de la respiration. Et faites-en autant la prochaine fois, et encore, encore, encore…

Quelque part, au cours de ce processus, vous vous trouverez soudain face à la réalisation choquante de ce que vous êtes complètement fou. Votre mental paraît être une assemblée de fous criant, bafouillant, complètement hors de contrôle. Aucun problème. Vous n'êtes pas plus fou que vous l'étiez hier. Il en a toujours été ainsi et vous ne vous en étiez seulement jamais aperçu. Vous n'êtes également pas plus fou que tous les autres autour de vous. La seule réelle différence est que vous avez fait face à la situation et eux non. Aussi se sentent-ils encore relativement à l'aise. Mais cela ne veut pas dire qu'ils sont en meilleure posture. L'ignorance peut être béate, mais elle ne mène pas à la libération. Aussi, ne laissez pas cette situation vous perturber. En fait, c'est un tournant, un signe de progrès véritable. Le simple fait que vous ayez regardé le problème droit dans les yeux signifie que vous êtes sur la pente ascendante, et en train d'en sortir.

Dans l'observation sans parole de la respiration, il y a deux choses à éviter : penser, et s'enfoncer dans la torpeur. Le mental qui pense se manifeste le plus clairement sous la forme du « mental-singe » dont nous venons de parler. La torpeur mentale est presque le contraire. En terme général, elle dénote une diminution de la vigilance. Au mieux, c'est une sorte de vide mental dans lequel il n'y a pas de pensées, pas d'observation de la respiration, pas de conscience de quoi que ce soit. C'est un trou, une zone mentale grise et sans forme plutôt qu'un sommeil sans rêve. La torpeur mentale est un vide. Évitez-la.

La méditation Vipassana est une fonction active. La concentration est une attention forte et énergique portée sur un seul objet. L'esprit éveillé est une vigilance claire et nette. Samadhi et Sati sont les deux facultés que nous voulons développer. Et la torpeur mentale ne contient ni l'une ni l'autre. Au pis, elle vous fera dormir. Au mieux, elle vous fera perdre votre temps.

Quand vous vous rendez compte que vous êtes tombé dans la torpeur, notez simplement le fait et ramenez votre attention sur la sensation de la respiration. Observez la sensation tactile de l'inspiration. Sentez la sensation du toucher de l'expiration. Inspirez, expirez, et observez ce qui se passe. Après avoir fait cela pendant un certain temps (peut-être des semaines ou des mois) vous commencerez à ressentir le toucher comme un objet physique. Continuez simplement, inspirez et expirez. Observez ce qui se passe. À mesure que votre concentration s'approfondira, vous aurez de moins en moins d'ennuis avec le « mental-singe ». Votre respiration se ralentira et vous la suivrez de plus en plus clairement, avec de moins en moins d'interruptions. Vous commencerez à éprouver un état de grand calme, dans lequel vous jouirez d'une complète liberté par rapport à ces choses que nous appelons des irritants psychiques. Pas d'avidité, d'envie, de jalousie ou d'aversion. L'agitation s'en va. La peur s'enfuit. Ce sont de beaux états du mental, clairs, bienheureux. Ils sont temporaires et se terminent lorsque la méditation s'achève. Ce n'est pas la libération, mais des marches sur le chemin qui y mène. Toutefois, n'attendez pas le bonheur instantané. Même ces marches prennent du temps, des efforts et de la patience.

L'expérience de la méditation n'est pas une compétition. Il existe un but précis. Mais il n'y a pas de calendrier. Vous êtes en train de creuser votre chemin de plus en plus profondément à travers des couches d'illusions en direction de la vérité suprême de l'existence. Le processus lui-même est passionnant et profondément satisfaisant. On peut l'aimer pour lui-même. Il n'y a pas besoin de courir.

À la fin d'une séance de méditation bien menée, vous ressentirez une délicieuse fraîcheur du mental. C'est une énergie paisible, pleine d'entrain et joyeuse que vous pouvez utiliser dans les problèmes de la vie quotidienne. Cela constitue en soi une récompense satisfaisante. Toutefois, le but de la méditation n'est pas de s'occuper de problèmes et la capacité de les résoudre n'est qu'un à-côté. Si vous donnez trop d'importance à l'aspect résolution de problèmes, vous verrez votre attention se diriger vers eux pendant la méditation, court-circuitant la concentration. Ne pensez pas à vos problèmes durant votre pratique. Mettez-les de côté, tranquillement.

Rompez un moment avec tous vos soucis et vos projets. Que votre méditation soit une vacance complète. Faites-vous confiance. Ayez confiance dans votre capacité de traiter tous vos problèmes plus tard, en utilisant l'énergie et la fraîcheur d'esprit que vous construisez pendant votre méditation. Ayez confiance en vous et cela se passera réellement ainsi.

Ne vous fixez pas des buts trop élevés. Soyez doux avec vous-même. Essayez de suivre votre propre respiration de manière continue et sans interruption. Cela paraît simple, aussi aurez-vous tendance à forcer pour bien faire. Mais ce n'est pas réaliste. Divisez le temps en petites unités. Au début d'une inspiration, prenez la résolution de suivre le souffle simplement pendant cette inspiration. Ce n'est déjà pas si simple mais possible. Ensuite, au début de l'expiration, prenez la résolution de suivre le souffle pendant cette expiration, du début à la fin. Vous échouerez encore de manière répétée, mais persévérez.

Chaque fois que vous trébuchez, recommencez. Prenez les choses une respiration à la fois. C'est ainsi que vous progresserez. N'en démordez pas. Une nouvelle résolution à chaque cycle de respiration. Observez chacun avec attention et précision, en vous y prenant par fraction de seconde, l'une après l'autre, et avec de nouvelles résolutions empilées les unes sur les autres. De cette façon, une vigilance continue et sans cassure finira par s'établir.

L'attention à la respiration est une vigilance dans le présent. Lorsque vous la maintenez correctement, vous n'êtes conscient que de ce qui se passe dans le présent. Vous ne regardez pas en arrière ni en avant. Vous oubliez la respiration précédente et vous n'attendez pas la suivante. Lorsque l'inspiration est juste en train de commencer, vous n'êtes pas concerné par sa fin. Vous ne faites pas un saut jusqu'à l'expiration suivante. Vous restez juste avec ce qui est réellement en train d'avoir lieu. L'inspiration commence, vous y portez votre attention, et à rien d'autre.

La méditation est un procédé pour rééduquer le mental. L'état que vous visez est celui dans lequel vous êtes totalement conscient de tout ce qui arrive dans votre propre univers de perception, exactement de la manière dont cela arrive, exactement au moment où cela arrive, d'une conscience totale, sans faille, dans le présent. C'est un but incroyablement élevé qui n'est pas à atteindre d'un coup. Il faut de la pratique. Aussi commençons-nous modestement. Nous commençons par être éveillés à une petite unité de temps, juste une seule respiration. Et lorsque vous y parvenez, vous êtes sur le chemin d'une expérience complètement nouvelle.

# Structurer votre méditation

Jusqu'à maintenant, il ne s'agissait que de théorie. Plongeons dans la pratique. Comment ?

Avant tout, il faut établir un horaire formel de pratique, décider d'une durée pendant laquelle vous méditerez et ne ferez rien d'autre. Quand vous étiez un bébé, vous ne saviez pas marcher. Quelqu'un a pris beaucoup de peine pour vous apprendre. On vous a soutenu en vous tenant les bras, prodigué des quantités d'encouragements, fait mettre un pied devant l'autre jusqu'à ce que vous puissiez le faire vous-même. Ces périodes d'apprentissage constituaient une pratique formelle de l'art de marcher. Dans la méditation, nous suivons la même méthode. Nous réservons une certaine durée spécialement consacrée au développement d'une activité mentale particulière appelée Attention, et nous structurons notre environnement pour qu'il y ait un minimum de distractions. Il ne s'agit pas de la capacité la plus facile à développer. Nous avons passé notre vie à acquérir des habitudes mentales, tout à fait contraires à l'idéal d'une présence ininterrompue de l'Attention. Nous en extirper demande un peu de stratégie. Comme nous l'avons dit plus haut, notre mental est semblable à une coupe d'eau boueuse. Le but de la méditation est de clarifier cette eau de façon que nous puissions voir ce qui s'y passe. La meilleure façon d'y parvenir est simplement de la laisser reposer. Vous finirez par obtenir de l'eau claire. Dans la méditation, nous mettons de côté un certain temps pour ce processus de décantation. De l'extérieur, cela paraît tout à fait inutile. Nous restons assis, apparemment aussi actifs qu'une gargouille de pierre. À l'intérieur, cependant, beaucoup de choses se passent. Le brouet mental se décante et nous nous retrouvons avec une clarté d'esprit qui nous prépare à faire face aux événements de notre vie.

Cela ne signifie pas que nous ayons quelque chose à faire pour forcer cette décantation. C'est un processus naturel qui s'effectue par lui-même. Le simple fait d'être assis sans bouger et d'être attentif produit cet effet. En fait, tout effort de notre part pour forcer est contre-productif. C'est de la répression, et cela ne marche pas. Essayez de forcer des choses à sortir du mental et vous leur ajoutez de l'énergie. Vous pourrez avoir un succès temporaire, mais à long terme vous les aurez seulement renforcées. Elles se cacheront dans l'inconscient jusqu'à ce que vous ne soyez pas attentif et bondiront alors au-dehors, vous laissant sans défense pour les combattre.

La meilleure façon de clarifier le fluide mental est de le laisser se décanter par lui-même. N'ajoutez aucune énergie à la situation. Observez simplement avec attention la boue tourner, sans aucune participation au processus. Ainsi, lorsque enfin elle se déposera, elle restera au fond. Nous exerçons de l'énergie pendant la méditation mais pas de la force. Notre seul effort est une douce, patiente Attention.

Le temps de la méditation est comme une coupe transversale faite dans votre journée. Tout ce qui vous arrive est emmagasiné dans l'esprit de manière mentale ou émotionnelle. Pendant l'activité normale, vous êtes tellement pris par les événements que les questions fondamentales auxquelles vous êtes confronté sont rarement traitées à fond. Elles s'enterrent dans l'inconscient où elles bouillonnent et couvent. Vous vous demandez alors d'où vient toute votre tension ? Pendant la méditation, ces éléments font surface. Vous avez la chance de les regarder, de les voir tels qu'ils sont et de les laisser partir. La période de méditation formelle est établie pour créer un environnement favorable à cette libération. À intervalles réguliers, nous rétablissons notre Attention. Nous nous retirons des événements qui stimulent le mental. Nous nous dégageons de l'activité qui aiguillonne les émotions. Nous nous mettons dans un endroit tranquille et nous asseyons sans bouger. Tout sort en bouillonnant et se dissipe. Ainsi, nous rechargeons nos batteries. La méditation recharge l'Attention.

## Où s'asseoir ?

Trouvez un endroit tranquille, un lieu retiré où vous serez seul. Il n'est pas nécessaire qu'il soit idéalement situé au milieu d'une forêt. C'est pratiquement impossible pour la plupart d'entre nous. Mais vous devez vous sentir bien et ne pas être dérangé. Il faut que ce soit un lieu où vous n'êtes pas exposé aux regards. Vous avez besoin de toute votre attention pour méditer. Elle ne doit pas être dispersée par des inquiétudes sur ce dont vous avez l'air aux yeux des autres. Essayez de trouver un endroit aussi tranquille que possible. Une pièce insonorisée n'est pas nécessaire, mais certains bruits sont hautement dérangeants et doivent être évités. Musique et paroles sont les pires. Le mental a tendance à être capté par ces sons d'une manière incontrôlable, et votre concentration disparaît.

Il existe certaines aides traditionnelles que vous pouvez employer pour établir une atmosphère propice. Une pièce sombre, avec une bougie allumée, est agréable. Une petite clochette pour commencer et terminer votre séance est plaisante. Toutefois, il ne s'agit que d'accessoires. Ils sont sources d'encouragements pour certaines personnes, mais en aucune façon essentiels.

Vous découvrirez probablement que vous asseoir chaque fois au même endroit constitue une aide. Une place spéciale, réservée à la méditation, utilisée pour rien d'autre, aide la plupart des pratiquants. Vous en arrivez rapidement à associer cet endroit à la tranquillité de la concentration, et cette association vous aide à atteindre plus rapidement des états profonds. Le plus important est de vous asseoir à un endroit que vous ressentez comme favorable à votre pratique. Cela demande un peu d'expérimentation. Essayez-en plusieurs, jusqu'à ce que vous en trouviez un qui soit convenable. Il suffit de ne pas vous sentir gêné et de pouvoir méditer sans distractions importunes.

Nombreuses sont les personnes qui trouvent aide et soutien dans la présence d'un groupe de méditants. La discipline d'une pratique régulière étant essentielle, il est plus facile pour la plupart des gens de s'y tenir s'ils sont soutenus par un engagement envers un planning de méditation en groupe. Vous avez donné votre parole, et vous savez qu'on vous attend. Ainsi le « je n'ai pas le temps » est-il contourné de manière habile. Peut-être pouvez-vous trouver près de chez vous un groupe de méditation. Ce n'est pas gênant s'il pratique une forme de méditation différente, du moment qu'elle est silencieuse. D'un autre côté, vous devez essayer de vous prendre en main tout seul, sans vous reposer sur la présence d'un groupe pour vous motiver. Correctement effectuée, la méditation est un plaisir. Utilisez le groupe pour vous aider et non comme une béquille.

## Quand s'asseoir ?

La règle la plus importante est celle-ci : en ce qui concerne la pratique assise, c'est la qualification de « voie du milieu » du bouddhisme qui s'applique. N'en faites pas trop. Ni pas assez. Cela ne veut pas dire de pratiquer lorsque la lubie vous en prend. Cela veut dire que vous établissez un horaire de pratique et que vous vous y tenez avec une douce, patiente ténacité. Établir un horaire agit comme un encouragement. Si, toutefois, vous en arrivez à constater que votre horaire a cessé d'être motivant et qu'il est devenu un fardeau, c'est qu'il y a quelque chose qui ne va pas. La méditation n'est pas un devoir ni une obligation. La méditation est une activité psychologique. Vous allez avoir affaire à la matière même des sensations et des émotions. C'est donc une activité très sensible à l'attitude avec laquelle vous abordez chaque séance. C'est ce que vous attendez que vous avez le plus de chances d'obtenir. Votre pratique se portera d'autant mieux que vous aurez envie de vous asseoir. Si vous avez l'idée qu'il s'agit d'une pénible corvée, c'est probablement ce qui arrivera. Établissez donc un horaire quotidien viable. Soyez raisonnable. Faites qu'il s'harmonise avec le reste de votre vie. Et si vous commencez à ressentir que vous vous astreignez à une pénible corvée pour atteindre la libération, alors modifiez-le.

Le matin, aussitôt après le réveil, constitue un moment très favorable pour méditer. Vous avez l'esprit frais. Vous n'êtes pas encore absorbé par les responsabilités. C'est une excellente façon de commencer votre journée qui vous met en forme, vous rend prêt à vous occuper des choses avec efficacité. Vous naviguez pendant le reste de la journée avec un peu plus de légèreté. Mais, soyez sûr d'être complètement réveillé. Vous ne ferez guère de progrès si vous restez assis à somnoler. Soyez donc certain de dormir suffisamment. Lavez-vous le visage ou prenez une douche avant de commencer. Vous pouvez aussi faire quelques exercices pour mettre la circulation en marche. Faites tout ce qui est nécessaire pour vous réveiller pleinement, ensuite asseyez-vous pour méditer. Attention, toutefois, à ne pas vous laisser attraper par les activités du jour. C'est beaucoup trop facile d'oublier de méditer. Aussi, faites en sorte que ce soit la première chose importante que vous accomplissiez le matin.

Le soir constitue également une excellente heure pour méditer. Votre esprit est plein des poussières mentales que vous avez accumulées pendant la journée, et c'est une bonne chose de vous en débarrasser avant de dormir. La méditation va nettoyer et régénérer votre esprit en rétablissant sa clarté vigilante. Votre sommeil sera un vrai sommeil.

Lorsque vous méditez pour la première fois, une fois par jour suffit. Si vous avez envie de méditer plus, c'est bien. Mais n'exagérez pas. Il y a un phénomène de saturation que nous observons fréquemment chez les nouveaux venus. Ils plongent dans la pratique à raison de quinze heures par jour pendant deux semaines. Puis ils se font rattraper par les réalités quotidiennes. Ils décident que la méditation leur prend beaucoup trop de temps, que trop de sacrifices sont nécessaires. Ne tombez pas dans ce piège. Ne consumez pas toutes vos forces la première semaine. Hâtez-vous lentement. Que votre effort soit suivi et stable. Donnez-vous le temps d'incorporer la pratique dans votre vie et laissez-la croître progressivement et tranquillement.

À mesure que votre intérêt se développera, vous accroîtrez le temps consacré à la pratique. C'est un phénomène qui se produit en bonne partie de lui-même. Il n'est pas nécessaire de forcer. Les méditants chevronnés consacrent trois à quatre heures par jour à la méditation. Pourtant, dans la vie quotidienne, ils vivent de manière ordinaire, mais ils arrivent à tout faire entrer dans la journée. Cela vient de façon naturelle.

## Combien de temps méditer ?

La même règle s'applique ici. Méditez aussi longtemps que vous le pouvez, mais n'exagérez pas. La plupart des débutants commencent avec vingt à trente minutes. Au début, il est difficile de rester assis plus longtemps avec profit. La posture n'est pas familière aux Occidentaux et il faut un certain temps pour que le corps s'y ajuste. Les capacités mentales requises ne le sont pas non plus et cet ajustement prend également du temps.

À mesure que vous vous habituerez à la méthode, vous pourrez accroître la durée. Nous vous recommandons de rester assis confortablement pendant environ une heure au bout d'approximativement un an.

Voici un point important : Vipassana n'est pas une forme d'ascétisme. La mortification n'est pas le but. Nous essayons de cultiver la pure vigilance de l'esprit, non la souffrance. Une certaine douleur est inévitable, en particulier dans les jambes. Nous discuterons à fond de la douleur et de la façon de la traiter au chapitre « Traiter les problèmes », p. 140. Il existe des techniques spéciales et des attitudes à apprendre pour faire face à l'inconfort. Mais il ne s'agit pas d'un concours d'endurance. Vous n'avez rien à prouver à personne. Aussi, ne vous forcez pas à tenir la posture au prix de douleurs exagérées, simplement pour pouvoir dire que vous êtes resté assis pendant une heure. C'est un exercice de l'ego sans intérêt. Connaissez vos limites et ne vous condamnez pas si vous n'êtes pas capable de rester assis comme un roc pendant des heures.

À mesure que la méditation fera de plus en plus partie de votre vie, vous pourrez prolonger vos séances au-delà d'une heure. Établissez une règle générale quant à la durée qui vous convient dans la période actuelle de votre vie. Et restez assis cinq minutes de plus.

Il n'y a pas de règle fixe. Même si vous avez un minimum bien établi, il y a des jours où il peut être physiquement impossible de tenir assis aussi longtemps. Cela ne veut pas dire que vous deviez annuler votre séance. Il est d'une importance majeure de pratiquer régulièrement. Même dix minutes peuvent être bénéfiques.

Notez qu'il convient de fixer la durée de la séance avant de commencer à méditer, et non pendant. Il est beaucoup trop facile de céder à l'agitation en agissant en cours de séance, et l'agitation est l'un des états principaux que nous voulons observer avec une vigilance attentive. Par conséquent, choisissez une durée réaliste et tenez. Il s'agit là d'une des expériences les plus profitables qu'un méditant puisse rencontrer, à condition de la traverser jusqu'au bout. Apprenez à observer l'agitation calmement et clairement, avec une attention vigilante. Lorsque vous l'aurez fait suffisamment de fois, elle perdra son pouvoir sur vous. Vous la verrez pour ce qu'elle est : simplement des impulsions qui apparaissent et disparaissent, juste une séquence du film. En conséquence de quoi votre vie se calmera merveilleusement.

Vous pouvez utiliser une montre pour mesurer vos séances, mais ne la regardez pas toutes les deux minutes pour savoir où vous en êtes. Votre concentration sera complètement perdue et l'agitation apparaîtra. Vous vous retrouverez avec l'envie de vous lever avant la fin. Ce n'est pas de la méditation mais de la surveillance d'horaire. Ne regardez pas votre montre avant d'avoir l'impression que la durée totale est écoulée. En réalité, vous n'avez même pas besoin de la consulter, du moins pas à chaque fois.

Pour la plupart d'entre nous, l'idée de discipline est difficile à supporter. Elle évoque l'image de quelqu'un qui vous surveille avec un bâton et vous dit que vous êtes en faute. Mais autodiscipline est différent. C'est l'art de voir à travers les clameurs trompeuses de vos propres impulsions et de percer leur secret. Elles n'ont aucun pouvoir sur vous. C'est du cinéma, du bluff. Vos envies crient et se déchaînent contre vous. Elles vous enjôlent, vous câlinent, vous menacent, mais elles ne possèdent en réalité aucun pouvoir. Vous leur cédez par habitude. Vous cédez parce que vous ne vous êtes jamais donné la peine de regarder au-delà de la menace. Derrière, il n'y a absolument rien. Mais la seule façon d'apprendre cette leçon est de regarder à l'intérieur et d'observer la chose arriver – agitation, anxiété, impatience, douleur –, observer simplement son arrivée, sans vous impliquer. Et à votre grande surprise, elle disparaîtra tout simplement. Cela apparaît et cela disparaît. Un autre mot pour autodiscipline est « patience ».

# Pratiques d'accompagnement

Dans les pays bouddhistes théravadins, il est habituel de commencer chaque séance de méditation par la récitation d'un certain nombre de formules traditionnelles. Il peut se faire qu'une audience occidentale jette seulement un coup d'œil à ces invocations et qu'elle les rejette comme autant d'innocents rituels, sans plus. Pourtant, ils ont été conçus et perfectionnés par un ensemble d'hommes et de femmes à la fois pragmatiques et consacrés, et ils possèdent une utilité tout à fait pratique. Ils sont par conséquent dignes d'un examen plus approfondi.

Le Bouddha à son époque était considéré comme opposé aux rituels. Il est né dans une société hyperritualiste et ses idées paraissaient tout à fait iconoclastes à la hiérarchie religieuse de son temps. En de très nombreuses occasions, il désavoua l'usage des rituels effectués pour leur propre vertu et fut inflexible à leur sujet. Mais cela ne veut pas dire que les rituels n'ont pas d'usage. Cela signifie que les rituels seuls, réalisés strictement pour eux-mêmes, ne vous sortiront pas du piège. En vérité, de telles pratiques font partie du piège : si vous croyez que la simple répétition de mots vous sauvera, alors vous ne faites qu'accroître votre propre dépendance à leur égard et à celui des concepts. Vous vous éloignez de la perception silencieuse de la réalité plutôt que de vous en rapprocher.

Les formules qui suivent doivent être utilisées avec une compréhension claire de ce qu'elles sont et de ce pour quoi elles fonctionnent. Ce ne sont pas des prières ni des incantations magiques, mais des procédés de purification psychologique qui demandent une participation mentale active pour être efficaces. Des mots marmonnés sans intention sont inutiles. Vipassana est une activité psychologique délicate, et l'attitude mentale des pratiquants est cruciale pour son succès. Sa technique fonctionne le mieux dans une atmosphère de calme, de confiance bienveillante. Les récitations suivantes ont été conçues pour favoriser de telles attitudes. Utilisées correctement, elles peuvent être un outil efficace sur la voie de la libération.

## Le triple refuge

La méditation est un dur travail. C'est intrinsèquement une activité solitaire. Une personne se bat contre des forces extrêmement puissantes, faisant partie de la structure même de l'esprit qui médite. Lorsque vous vous y mettrez vraiment, vous finirez par être confronté à une terrible prise de conscience. Un jour, vous regarderez à l'intérieur et vous vous rendrez compte de l'énormité incroyable de ce que vous faites : vous essayez de percer un mur très épais, d'une structure tellement dense qu'aucun rayon de lumière ne peut le traverser. Et vous vous retrouvez là, assis, en train de le regarder avec de grands yeux et de vous dire : « Je suis censé le traverser ? Mais c'est impossible ! C'est tout ce qui existe. C'est le monde entier. C'est la signification de tout ce que j'utilise pour me définir moi-même et pour comprendre toutes choses autour de moi, et si je m'en défais, le monde entier va s'écrouler et je vais mourir. Je ne peux pas passer à travers. C'est tout simplement impossible. »

C'est un sentiment effrayant, qui engendre une très grande solitude. Vous ressentez : « Je suis ici, tout seul, en train d'essayer de me défaire de quelque chose de tellement immense que cela dépasse la compréhension. » Pour contrebalancer ce sentiment, il est utile de savoir que vous n'êtes pas seul. D'autres sont passés par là avant vous. Ils se sont heurtés à ce même mur, et ils ont poursuivi leur chemin jusqu'à la lumière. Ils ont précisé les règles à suivre pour le faire et se sont rassemblés pour former une fraternité d'encouragement et de soutien mutuel. Le Bouddha a trouvé son chemin à travers ce mur et après lui de nombreux autres en ont fait autant. Il a laissé des instructions claires sous la forme du Dhamma – l'« Enseignement » –

pour nous guider. Et il a fondé le Sangha, la fraternité des pratiquants, pour nous montrer le chemin et nous aider les uns et les autres à le suivre. Vous n'êtes pas seul et la situation n'est pas sans espoir.

La méditation demande de l'énergie. Vous avez besoin de courage pour affronter un certain nombre de phénomènes mentaux difficiles et de détermination pour rester assis en posture à travers des états déplaisants du mental. La paresse ne sera d'aucune utilité. Afin de rassembler vos énergies pour le travail à effectuer, répétez-vous les phrases suivantes. Sentez l'intention que vous y mettez, donnez-leur leur plein sens.

*Je marche sur le chemin parcouru par le Bouddha et ses nobles et saints disciples. Une personne indolente ne peut suivre cette voie. Puisse mon énergie prévaloir. Puissé-je parvenir au but.*

## La bienveillance universelle

Vipassana est un exercice de développement de l'Attention, la conscience sans ego. C'est un procédé au moyen duquel l'ego sera éliminé sous le regard pénétrant de l'Attention. Le pratiquant commence ce processus avec l'ego en pleine possession du mental et du corps. Ensuite, à mesure que la conscience sans ego observe le fonctionnement de ce dernier, elle pénètre jusqu'aux racines de son mécanisme et y met fin pièce par pièce. Il y a pourtant une pierre d'achoppement de première grandeur. L'Attention est une présence de l'esprit sans ego. Si nous commençons avec un ego en pleine maîtrise, comment pouvons-nous au début mobiliser suffisamment de conscience pure pour commencer le travail ? La réponse est qu'il y a toujours un peu d'Attention dans chaque instant. Le problème est d'en rassembler suffisamment pour qu'elle soit efficace. Pour ce faire, nous pouvons utiliser une tactique habile : affaiblir les aspects de l'ego qui créent le plus d'obstacles de sorte que l'Attention ait moins de résistance à surmonter.

L'attraction et la répulsion sont les deux manifestations primordiales du mécanisme de l'ego. Selon la mesure où le désir et l'aversion sont présents dans l'esprit, l'Attention aura la tâche plus ou moins difficile. Il est aisé de s'en rendre compte. Si vous vous asseyez pour méditer alors que vous êtes sous l'étreinte d'un fort attachement de caractère obsessionnel, vous constaterez que vous n'arrivez à rien. Si vous êtes captivé par votre dernier projet pour gagner plus d'argent, vous passerez probablement la plus grande partie de votre séance à ne rien faire d'autre qu'à y penser. Si vous êtes en fureur à propos d'une récente insulte, elle occupera tout votre esprit. Mais comme il n'y a qu'un certain nombre d'heures disponibles dans la journée, vos minutes de méditation sont précieuses. Aussi est-il préférable de ne pas les gâcher. C'est pourquoi la tradition Théravada a développé un outil habile vous permettant de faire disparaître ces obstacles, au moins temporairement, de façon que vous puissiez entreprendre d'en supprimer les racines de manière permanente.

Vous pouvez utiliser une idée pour en annuler une autre. Vous pouvez équilibrer une émotion négative par une émotion positive. Donner est l'opposé de prendre. La bienveillance est l'opposé de la haine. Comprenez bien : il ne s'agit pas d'un essai de libération par autosuggestion. Vous ne pouvez pas conditionner l'Illumination. Le Nibbana n'est pas un état conditionné. Une personne libérée sera en vérité généreuse et bienveillante, mais non pas par conditionnement. Ce sera par une manifestation de sa propre nature fondamentale, qui n'est plus inhibée par l'ego. Il s'agit donc plutôt de médecine psychologique. Si vous prenez tel médicament selon la prescription, il vous apportera une rémission temporaire des symptômes dont vous souffrez. Vous pourrez alors vous mettre sérieusement au travail pour guérir la maladie elle-même.

Vous commencez par bannir les pensées de malveillance et de condamnation vis-à-vis de vous-même. Vous permettez à de bons sentiments, à des vœux bénéfiques de se diriger vers vous… ce qui est relativement facile. Ensuite, vous faites de même pour les personnes qui vous sont le plus proches. Progressivement, vous étendez le champ depuis votre cercle intime jusqu'à ce que vous dirigiez ce même flot de sentiments vers vos ennemis et tous les êtres vivants où qu'ils soient. Correctement faite, cette pratique constitue un exercice puissant et transformateur en lui-même.

Au commencement de toute séance de méditation, dites en vous-même les phrases suivantes. Ressentez réellement l'intention correspondante :

*1. Que je sois bien portant, heureux et en paix. Qu'il ne m'arrive aucun mal. Que je ne rencontre ni difficultés ni problèmes. Puissé-je toujours connaître le succès.*

*Que je sois également patient, courageux, compréhensif et déterminé à faire face et à surmonter les difficultés, problèmes et échecs inévitables dans la vie.*

*2. Que mes parents soient bien portants, heureux et en paix. Qu'il ne leur arrive aucun mal. Qu'ils ne rencontrent ni difficultés ni problèmes. Puissent-ils toujours connaître le succès.*

*Qu'ils soient également patients, courageux, compréhensifs et déterminés à faire face et à surmonter les difficultés, problèmes et échecs inévitables dans la vie.*

*3. Que ceux qui m'enseignent soient bien portants, heureux et en paix. Qu'il ne leur arrive aucun mal. Qu'ils ne rencontrent ni difficultés ni problèmes. Puissent-ils toujours connaître le succès.*

*Qu'ils soient également patients, courageux, compréhensifs et déterminés à faire face et à surmonter les difficultés, problèmes et échecs inévitables dans la vie.*

*4. Que tous les membres de ma famille soient bien portants, heureux et en paix. Qu'il ne leur arrive aucun mal. Qu'ils ne rencontrent ni difficultés ni problèmes. Puissent-ils toujours connaître le succès.*

*Qu'ils soient également patients, courageux, compréhensifs et déterminés à faire face et à surmonter les difficultés, problèmes et échecs inévitables dans la vie.*

*5. Que mes amis soient bien portants, heureux et en paix. Qu'il ne leur arrive aucun mal. Qu'ils ne rencontrent ni difficultés ni problèmes. Puissent-ils toujours connaître le succès.*

*Qu'ils soient également patients, courageux, compréhensifs et déterminés à faire face et à surmonter les difficultés, problèmes et échecs inévitables dans la vie.*

*6. Que toutes les personnes qui me sont indifférentes soient bien portantes, heureuses et en paix. Qu'il ne leur arrive aucun mal. Qu'elles ne rencontrent ni difficultés ni problèmes. Puissent-elles toujours connaître le succès.*

*Qu'elles soient également patientes, courageuses, compréhensives et déterminées à faire face et à surmonter les difficultés, problèmes et échecs inévitables dans la vie.*

*7. Que mes ennemis soient bien portants, heureux et en paix. Qu'il ne leur arrive aucun mal. Qu'ils ne rencontrent ni difficultés ni problèmes. Puissent-ils toujours connaître le succès.*

*Qu'ils soient également patients, courageux, compréhensifs et déterminés à faire face et à surmonter les difficultés, problèmes et échecs inévitables dans la vie.*

*8. Que tous les êtres vivants soient bien portants, heureux et en paix. Qu'il ne leur arrive aucun mal. Qu'ils ne rencontrent ni difficultés ni problèmes. Puissent-ils toujours connaître le succès.*

*Qu'ils soient également patients, courageux, compréhensifs et déterminés à faire face et à surmonter les difficultés, problèmes et échecs inévitables dans la vie.*

Une fois que vous avez terminé ces récitations, mettez de côté tous vos soucis et conflits pendant la durée de la pratique. Laissez simplement tomber tout le fardeau. S'ils reviennent plus tard dans la méditation, traitez-les simplement pour ce qu'ils sont : des distractions.

La pratique de la bienveillance universelle est également recommandée au coucher et au lever. Il est dit qu'elle vous aide à bien dormir et qu'elle prévient les cauchemars. Elle vous aide aussi à vous lever le matin. Elle vous rend plus amical et ouvert envers le monde, amis ou ennemis, humains ou autres.

Le phénomène psychique qui cause le plus de dommages dans l'esprit, principalement lorsqu'il est tranquille, est le ressentiment. Vous pouvez être indigné en vous souvenant d'un incident qui vous a causé une douleur physique ou mentale. Cette expérience peut produire un malaise, une tension, de l'agitation et vous tourmenter, au point que vous ne soyez plus capable de maintenir votre posture ni d'expérimenter cet état. Nous vous recommandons donc de commencer votre méditation en vous mettant en état de bienveillance universelle.

Il se peut que vous vous demandiez comment il est possible de souhaiter : « Que mes *ennemis* soient bien portants, heureux et en paix. Qu'il ne leur arrive aucun mal. Qu'ils ne rencontrent ni difficultés ni problèmes. Puissent-ils toujours connaître le succès. Qu'ils soient également patients, courageux, compréhensifs et déterminés à faire face et à surmonter les difficultés, problèmes et échecs inévitables dans la vie. »

Il faut vous souvenir que vous pratiquez la bienveillance universelle pour la purification de votre propre mental, de même que vous pratiquez la méditation pour votre propre conquête de la paix et votre libération de la douleur et de la souffrance. En pratiquant la bienveillance, vous pouvez développer une attitude plus amicale, sans parti pris, préjugés, discriminations ou animosité. Les personnes compatissantes peuvent aider les autres. La compassion est une manifestation de la bienveillance dans l'action, et celui qui en est dépourvu ne peut aider les autres. Un comportement noble signifie un comportement hautement amical et cordial. Le comportement inclut les pensées, les paroles et les actes. S'il existe des contradictions dans ce triple mode d'expression, quelque chose ne va pas. Un comportement contradictoire ne peut être noble. Par ailleurs, d'un point de vue pragmatique, il est bien préférable de cultiver la pensée « Que tous les êtres soient heureux » que la pensée « Je le hais ». La noble pensée s'exprimera un jour par un comportement noble, et la pensée malveillante en actes malveillants.

Souvenez-vous que vos pensées sont transformées en paroles et en actes afin de procurer le résultat attendu. La pensée transposée en action est capable de produire des résultats tangibles. Vous devriez toujours parler et faire les choses avec la bienveillance présente à l'esprit. Mais si parlant de bienveillance, vous agissez dans une direction opposée, les sages vous le reprocheront. À mesure que la vigilance attentive et la bienveillance se développeront, vos pensées, vos paroles et vos actions deviendront aimables, plaisantes, sincères et bienfaisantes tant pour vous-même que pour les autres. Si vos pensées, paroles ou actions causent du mal, à vous-même, aux autres, ou aux deux, vous devez alors vous demander si vous êtes vraiment attentif à la bienveillance.

D'un point de vue pratique, si vos ennemis étaient bien portants, heureux et en paix, ils ne seraient pas vos ennemis. S'ils étaient libres de problèmes, de douleur, de souffrance, d'afflictions, de névroses, psychoses et paranoïa, de la peur, des tensions et anxiétés, ils ne seraient pas vos ennemis. Votre solution concrète est de les aider à surmonter leurs problèmes, afin que vous puissiez vivre en paix et heureux. Si vous en étiez capable, vous devriez emplir l'esprit de tous vos ennemis de bienveillance et les faire tous réaliser le véritable sens de la paix, de façon que vous puissiez vivre en paix et heureux. Plus ils sont névrosés, plus ils souffrent de psychoses, de peurs, de tensions, d'anxiétés… plus ils peuvent créer des problèmes, des douleurs et des souffrances au monde. Si vous pouviez convertir une personne méchante et pervertie en un saint, vous feriez un miracle. Cultivons une sagesse adéquate et la bienveillance en nous-mêmes pour convertir les esprits mauvais en de saints esprits.

Quand vous haïssez quelqu'un, vous pensez : « Qu'il soit laid, qu'il souffre, qu'il soit pauvre, inconnu, sans amis, malheureux… » Mais ce qui arrive en réalité, c'est que votre propre corps secrète de telles toxines que vous ressentez des douleurs, une tension artérielle élevée, du stress. Votre visage change, vous perdez l'appétit, le sommeil, et devenez désagréable envers les autres. Vous expérimentez les choses mêmes que vous souhaitez à votre ennemi. Vous ne pouvez pas voir la réalité telle qu'elle est. Votre mental ressemble à de l'eau en ébullition. Vous êtes comme un malade souffrant de jaunisse, auquel toutes les nourritures les plus délicieuses sont insipides. Vous devenez incapable de vous réjouir de la réussite, du succès de quelqu'un d'autre. Tant que cette condition existe, vous ne pouvez pas méditer correctement.

Par conséquent, nous recommandons très instamment que vous pratiquiez la bienveillance avant de commencer sérieusement la méditation. Répétez les passages précédents avec beaucoup d'attention et d'intention. En les récitant, ressentez la véritable bienveillance en vous-même d'abord, et ensuite partagez-la avec les autres, car vous ne pouvez pas partager ce que vous n'avez pas en vous-même.

Souvenez-vous toutefois qu'il ne s'agit pas de formules magiques. Elles ne fonctionnent pas toutes seules. Si vous les utilisiez dans cet esprit, vous ne feriez rien d'autre que de gaspiller votre énergie. Mais si vous participez véritablement et investissez ces vœux de votre propre énergie, alors ils vous seront bénéfiques. Essayez et voyez par vous-même.

# Traiter les problèmes

Vous allez rencontrer des problèmes dans votre méditation. Cela arrive à tout le monde. Ils arrivent en tout genre, et la seule chose dont vous puissiez être sûr, c'est d'en avoir. L'astuce principale pour les traiter est d'adopter la bonne attitude. Les difficultés sont une partie intégrante de la pratique. Elles ne sont pas à éviter. Elles sont à utiliser. Elles procurent d'inappréciables occasions d'apprendre.

La raison pour laquelle nous sommes tous embourbés dans les marais de la vie est que nous passons notre temps à fuir nos problèmes et à courir après nos désirs. La méditation fournit une situation de laboratoire pour examiner ce syndrome et développer des stratégies afin d'y porter remède. Les différents écueils et tracas qui apparaissent durant la méditation sont autant de grains de blé pour le moulin. Ce sont les éléments à partir desquels nous travaillons. Il n'y a pas de plaisir sans un certain degré de souffrance. Et pas de souffrance sans un certain degré de plaisir. La vie est composée de joies et de peines. Elles marchent la main dans la main. La méditation ne fait pas exception. Vous ferez l'expérience de bons et de mauvais moments, d'extases et de frayeurs.

Aussi, ne soyez pas surpris lorsque vous rencontrerez certaines expériences qui ressemblent à un mur de briques. Ne pensez pas que vous êtes un cas particulier. Tous les méditants chevronnés ont eu leurs propres murs, qui apparaissent de manière répétitive. Attendez-vous simplement à les rencontrer et soyez prêt à les affronter. Votre capacité à y faire face dépend de votre attitude. Si vous apprenez à regarder ces tracas comme des occasions pour développer votre pratique, vous ferez des progrès. Votre aptitude à résoudre les difficultés se transposera dans le reste de votre vie et vous permettra d'aplanir les grands problèmes qui vous tracassent réellement. Si vous évitez chaque moment désagréable dans la méditation, vous reprenez simplement l'habitude qui vous a rendu la vie si difficile à supporter.

Il est essentiel d'apprendre à faire face aux aspects les moins plaisants de l'existence. Notre travail en tant que méditants est d'apprendre à être patient envers nous-mêmes, à nous voir d'une manière non déformée, complète, avec toutes nos peines et insuffisances. Il nous faut apprendre à être bon envers nous-mêmes. À long terme, éviter ce qui est désagréable est un très mauvais service à nous rendre. Paradoxalement, la bienveillance implique de faire face aux désagréments quand ils apparaissent. L'une des tactiques humaines les plus habituelles pour traiter les difficultés est l'autosuggestion : quand quelque chose de désagréable apparaît, nous le nions ou tâchons de nous convaincre que c'est agréable.

La tactique du Bouddha est tout à l'opposé. Plutôt que de cacher ou d'éviter les désagréments, il nous incite à les observer jusqu'au bout. Le bouddhisme nous invite à ne pas implanter en nous des sentiments que nous n'avons pas réellement, et à ne pas éviter ceux que nous avons. Si vous vous sentez malheureux, vous êtes malheureux. C'est la réalité. C'est ce qui est en train de se produire. Faites-y face. Regardez ce sentiment droit dans les yeux, sans sourciller. Quand vous avez une difficulté, examinez-la, observez-la avec attention. Étudiez le phénomène et apprenez son mécanisme. Le moyen pour sortir d'un piège est d'étudier le piège lui-même, d'apprendre comment il est construit. Pour ce faire, il faut le démonter pièce par pièce. Lorsqu'il est démonté, il ne peut plus vous capturer. C'est la liberté.

Ce point est essentiel, mais c'est l'un des moins compris de la philosophie bouddhiste. Ceux qui l'ont étudiée superficiellement concluent rapidement qu'il s'agit d'un enseignement pessimiste, tournant toujours autour des mêmes choses désagréables, telles que la souffrance, nous poussant constamment à affronter les réalités inconfortables de la douleur, de la mort et de la maladie. Mais les penseurs bouddhistes ne se considèrent pas comme pessimistes. C'est en réalité tout le contraire. La douleur existe dans l'univers. Il n'est pas possible de toujours l'éviter. Apprendre à y faire face n'est pas pessimiste, mais une forme très pragmatique d'optimisme. Comment feriez-vous face à la mort de votre conjoint ? Que ressentiriez-vous si, demain, vous perdiez votre mère, votre sœur ou votre plus proche ami ? Supposons qu'en une même journée vous perdiez votre travail, vos économies et l'usage de vos jambes, pourriez-vous faire face à la perspective de passer le reste de votre vie dans une chaise roulante ? Comment ferez-vous face aux douleurs d'un cancer en phase terminale si vous en développez un ? Et comment vous comporterez-vous face à votre propre mort, lorsqu'elle approchera ? Vous pouvez échapper à la plupart de ces malheurs mais non à tous. Le plus grand nombre d'entre nous perdent des amis et des parents au cours de leur vie. Tous, nous tombons malades de temps à autre. Et, pour le moins, nous mourrons tous un jour. À l'occasion de tous ces événements, vous pouvez souffrir ou y faire face. Le choix vous appartient.

La douleur est inévitable, la souffrance non. La douleur et la souffrance sont deux choses différentes. Si l'une quelconque des tragédies ci-dessus vous atteint dans votre présent état mental, vous allez souffrir. Le schéma d'habitudes qui contrôle actuellement votre mental vous enfermera dans votre souffrance et vous ne pourrez pas vous en échapper. Passer un peu de temps à apprendre des options différentes constitue un bon investissement. La plupart des êtres humains dépensent toute leur énergie à inventer des moyens d'accroître leur plaisir et de diminuer leur souffrance. Le bouddhisme ne vous invite pas à cesser complètement cette activité. L'argent et la sécurité sont utiles. La douleur est à éviter autant que possible. Personne ne vous dit de donner tous vos biens ou de rechercher des souffrances inutiles, mais le bouddhisme vous conseille d'investir une partie de votre temps et de votre énergie pour apprendre à faire face aux choses déplaisantes, car un certain degré de douleur est inévitable. Lorsque vous voyez un camion foncer sur vous, de grâce sautez hors de la route. Mais passez aussi du temps à méditer. Apprendre à traiter l'inconfort est la seule façon d'être prêt à affronter les conséquences, si vous n'avez pas vu le camion.

Des problèmes vont apparaître dans votre pratique. Un certain nombre d'entre eux seront physiques, d'autres émotionnels, et d'autres dus à votre attitude. Tous peuvent être traités et chacun a sa propre réponse. Tous constituent des occasions pour vous libérer.

## Problème n° 1 : douleur physique

Personne n'aime la douleur. Pourtant, tout le monde la subit de temps à autre. C'est une des expériences les plus communes de la vie et il est certain qu'elle fera son apparition dans votre méditation sous une forme ou une autre. La manier est un processus en deux temps. D'abord s'en défaire dans la mesure du possible, ou au moins la réduire. Ensuite, s'il en reste une certaine dose, la prendre comme objet de méditation.

Le premier temps est d'ordre physique. Peut-être la douleur provient-elle d'une maladie particulière, d'un mal de tête, d'une fièvre, de contusions, etc. Dans ce cas, utilisez les traitements médicaux appropriés avant de vous asseoir pour méditer : prenez votre médicament, appliquez votre liniment, faites tout ce que vous feriez ordinairement. Par ailleurs, il y a certaines douleurs spécifiques à la posture assise. Si vous n'avez jamais passé beaucoup de temps à vous asseoir les jambes croisées sur le sol, une période d'adaptation sera nécessaire. Un certain inconfort est pratiquement inévitable. Si la douleur est dans la jambe ou le genou, vérifiez votre pantalon. Il est peut-être trop serré ou en tissu trop épais. Essayez d'en changer. Vérifiez aussi votre coussin. Il doit avoir environ huit centimètres de hauteur une fois compressé. Si la douleur est autour de la taille, essayez de desserrer votre ceinture. Si elle est dans le bas du dos, votre posture est probablement en défaut. Avachie, elle ne sera jamais confortable. Redressez-vous. Ne soyez ni tendu ni raide, mais gardez votre colonne vertébrale droite. Des douleurs dans le cou ou le haut du dos ont différentes origines. La première réside dans une position incorrecte des mains. Celles-ci doivent reposer confortablement sur le haut des cuisses. Ne les tirez pas à hauteur de la ceinture. Relaxez ensuite vos bras et vos muscles du cou. Enfin, ne laissez pas tomber votre tête en avant. Gardez-la droite et alignée avec le reste de la colonne vertébrale.

Après avoir fait tous ces divers ajustements, il se peut que vous conserviez une certaine douleur. Dans ce cas, essayez le deuxième temps. Prenez la douleur comme objet de votre méditation. Ne sursautez pas et ne vous énervez pas. Simplement, observez attentivement la douleur. Lorsqu'elle devient contraignante, vous constaterez qu'elle attire votre attention et l'éloigne de la respiration. Ne vous y opposez pas. Laissez simplement l'attention glisser sans effort jusqu'à la sensation. Explorez ce que vous ressentez. Dépassez votre réaction pour l'éviter et plongez dans la sensation pure qui se trouve en dessous. Vous découvrirez que deux choses coexistent. La première est la sensation simple, la douleur elle-même. La deuxième est votre résistance à cette sensation. Cette réaction de résistance est partiellement mentale et partiellement physique. La partie physique consiste en une tension des muscles dans et autour de la partie douloureuse. Relaxez-les. Prenez-les un par un et détendez-les profondément. Cette étape à elle seule diminuera probablement la douleur de manière significative.

Ensuite, occupez-vous du côté mental de la résistance. De même que vous vous tendez physiquement, vous vous tendez psychologiquement. Vous censurez mentalement la sensation de douleur en essayant de la cacher et de la rejeter de la conscience. Le rejet est un silencieux « Je n'aime pas cette sensation » ou « Va-t'en ». C'est très subtil. Mais cela existe, et vous pouvez le trouver si vous regardez vraiment. Localisez la réaction et détendez-la également.

Cette dernière partie est plus difficile. Il n'existe pas de mots pour la décrire précisément. La meilleure façon de mettre le doigt dessus est par analogie : examinez ce que vous avez fait à ces muscles tendus et transférez cette même action à la sphère mentale. Relaxez le mental comme vous avez relaxé le corps. Le bouddhisme considère que le corps et le mental sont étroitement liés. C'est tellement vrai que beaucoup de gens ne percevront pas qu'il s'agit d'un processus en deux parties. Pour eux, relaxer le corps c'est relaxer le mental, et vice versa.

Ces personnes percevront la totalité de la relaxation, mentale et physique, comme un unique processus. Quoi qu'il en soit, lâchez prise complètement jusqu'à ce que la conscience se stabilise au-delà de cette barrière de résistance et se relaxe dans le pur courant de sensations sous-jacent. La résistance est une barrière que vous avez vous-même établie. C'est un espace, une impression de distance entre vous-même et les autres, une frontière entre « moi » et « la douleur ». Dissolvez cette barrière et la séparation s'évanouit. Plongez dans cette mer de sensations déferlantes et fusionnez avec la douleur. Vous devenez la douleur. Vous observez son flux et son reflux, et quelque chose de stupéfiant se produit : cela ne fait plus mal. La souffrance est partie. Seule demeure la douleur, une expérience, rien de plus. Le « moi » qui était atteint par la douleur a disparu. Le résultat est la libération de la douleur.

Il y a une progression. Au début, vous pouvez réussir avec de petites douleurs, mais être vaincu par les grandes. Comme pour la plupart de nos capacités, celle-ci croît avec la pratique. Plus vous vous entraînerez, plus vous serez capable de traiter une forte douleur. Veuillez bien comprendre. Il ne s'agit pas d'une forme de masochisme. La mortification n'est pas le but. Il s'agit d'un exercice de conscience sans ego, non de sadisme. Si la douleur devient trop forte, n'hésitez pas à bouger, mais faites-le doucement et avec Attention. Observez l'effet produit sur la douleur. Observez sa diminution. Pourtant, essayez de ne pas trop bouger. Moins vous bougez, plus il est facile de rester pleinement Attentif. Les nouveaux méditants disent parfois qu'ils ont des difficultés pour rester Attentif lorsque la douleur est présente. Cette difficulté provient d'un malentendu. Ils conçoivent l'Attention comme quelque chose de distinct de l'expérience de la douleur. Ce n'est pas le cas. L'Attention n'existe jamais seule. Elle a toujours un objet et tout objet, quel qu'il soit, est aussi bon qu'un autre. La douleur est un état mental. L'Attention peut se poser sur la douleur comme elle se pose sur la respiration.

Les règles que nous avons examinées au chapitre « L'attitude », p. 65, s'appliquent à la douleur comme elles s'appliquent à un autre état mental. Vous devez faire attention à ne pas dépasser la sensation ni à rester en deçà. N'y ajoutez rien et n'en ignorez rien. Ne gâchez pas l'expérience pure avec des concepts, des images ou des pensées discursives. Conservez votre conscience pure dans le présent, juste avec la douleur, de manière à ne pas manquer son commencement ou sa fin. La douleur non perçue dans la claire lumière de l'Attention donne lieu à des réactions émotionnelles telles que peur, anxiété ou colère. Si elle est vue correctement, de telles réactions ne se produisent pas. Il s'agit simplement d'une sensation, d'une simple énergie. Une fois que vous aurez appris cette technique avec la douleur physique, vous pourrez la généraliser au reste de votre vie. Vous pourrez l'utiliser sur toute sensation déplaisante. Ce qui marche sur la douleur fonctionne sur l'anxiété ou la dépression chronique. Cette technique est l'une des capacités les plus utiles et les plus généralisables dans la vie. Elle est patience.

## Problème n° 2 : jambes engourdies

Il est très courant que les débutants aient les jambes engourdies. Cela provient de ce qu'ils ne sont pas habitués à la posture. Certaines personnes en conçoivent beaucoup d'anxiété. Elles ont l'impression qu'il leur faut se lever et marcher. Certaines sont même convaincues qu'elles vont attraper la gangrène par manque de circulation du sang. Il n'y a rien là qui mérite que l'on s'en inquiète. La sensation provient du pincement des nerfs et non du manque de circulation. Vous ne pouvez pas endommager vos jambes par la posture assise. Aussi détendez-vous. Lorsque vos jambes s'engourdissent, observez simplement le phénomène attentivement. Examinez ce que vous ressentez. Sans doute est-ce un peu inconfortable, mais ce n'est pas douloureux, à moins que vous ne vous raidissiez. Restez simplement calme et observez. Si vos jambes s'engourdissent et restent endormies pendant toute la durée de la méditation, cela n'a pas d'importance. Après avoir pratiqué pendant un certain temps, cet engourdissement disparaîtra. Votre corps s'ajustera à la pratique quotidienne. Vous pourrez alors rester assis pendant de très longues séances sans aucun engourdissement.

## Problème n° 3 : sensations bizarres

Pendant la méditation, les pratiquants font l'expérience de toutes sortes de phénomènes. Certains ont des grattements, d'autres des fourmillements, une relaxation profonde, une impression de légèreté ou de flotter. Vous pouvez vous sentir grandir, rapetisser ou vous élever dans l'air. Les débutants sont très excités par de telles sensations. Ne vous inquiétez pas. Vous n'allez pas léviter dans un proche avenir. À mesure que la relaxation s'effectue, le système nerveux commence à passer ses signaux sensoriels plus efficacement. De grandes quantités de données antérieurement bloquées sont transmises et donnent lieu à toutes sortes de sensations nouvelles. Elles n'ont pas de signification particulière. Il s'agit juste de sensations. Employez donc tout bonnement la technique normale : observez leur apparition et observez leur disparition. Ne vous impliquez pas.

## Problème n° 4 : somnolence

Il est très habituel de ressentir de la somnolence pendant la méditation. Vous devenez très calme et relaxé. C'est exactement ce qui doit se passer. Malheureusement, vous percevez ordinairement cet état agréable uniquement lorsque vous êtes sur le point de vous endormir, et l'associez avec l'entrée dans le sommeil. Alors, naturellement, vous commencez à somnoler. Lorsque vous vous en rendez compte, appliquez votre Attention à l'état de somnolence lui-même. L'endormissement possède certaines caractéristiques définies. Il produit un certain effet sur la pensée. Trouvez lequel. Certaines sensations corporelles lui sont associées. Localisez-les.

Cette vigilance investigatrice est l'opposé direct de la somnolence et la fera s'évaporer. Si ce n'est pas le cas, il vous faut alors suspecter une raison physique. Trouvez-la et traitez-la. Si vous venez de faire un repas copieux, cela peut en être la cause. Avant de méditer, il vaut mieux manger légèrement. Ou bien attendez une heure après un bon repas. Et ne passez pas non plus à côté de l'évidence : si vous avez passé votre journée à charrier des briques, vous êtes fatigué. C'est également vrai si vous n'avez dormi que quelques heures la nuit dernière. Prenez soin des besoins physiques de votre corps. Ensuite méditez. Ne cédez pas à la somnolence. Restez éveillé et attentif, car le sommeil et la concentration de la méditation sont deux expériences diamétralement opposées. Vous n'obtiendrez aucune compréhension nouvelle par le sommeil, mais seulement par la méditation. Si vous êtes très endormi, alors prenez une longue inspiration et retenez-la aussi longtemps que vous le pouvez. Ensuite, expirez lentement. Prenez une autre inspiration profonde, retenez le souffle aussi longtemps que possible et expirez lentement. Recommencez cet exercice jusqu'à ce que votre corps se réchauffe et que la somnolence soit passée. Retournez alors à votre observation de la respiration.

## Problème n° 5 : incapacité de se concentrer

De temps à autre, tout le monde fait l'expérience d'une attention exagérément active, qui saute du coq à l'âne. Les techniques décrites dans le chapitre sur les distractions permettent généralement d'y faire face. Vous devez toutefois être averti que certains facteurs extérieurs favorisent ce phénomène. Et la meilleure façon d'y remédier consiste en un changement dans votre emploi du temps. Les images mentales constituent de puissantes entités qui peuvent rester présentes à l'esprit pendant une longue durée. Tout l'art des conteurs d'histoires consiste en des manipulations directes de cette matière et, dans la mesure où l'auteur a bien fait son travail, les personnages et les images présentées possèdent un effet puissant et persistant. Si vous êtes allé voir le meilleur film de la saison, la méditation d'après sera pleine de ses images. Et si vous êtes en plein milieu du roman d'épouvante le plus effrayant que vous ayez jamais lu, votre méditation sera pleine de monstres. Inversez donc l'ordre des événements. Méditez d'abord. Lisez ou allez au cinéma ensuite.

Un autre facteur influant sur la concentration est votre propre état émotionnel. Si un conflit réel existe dans votre vie, cette agitation se transmettra à votre méditation. Essayez donc de résoudre vos conflits quotidiens autant que faire se peut avant de méditer. Votre vie en sera plus calme et vous ne serez pas en train de ruminer inutilement pendant la pratique. Mais n'utilisez pas ce conseil pour éviter de méditer. Poursuivez et prenez la posture de toute façon. Utilisez votre méditation pour relâcher les attitudes égocentriques qui vous tiennent prisonnier de votre propre point de vue limité. Ensuite, vos problèmes se résoudront beaucoup plus facilement. Et puis, il y a ces jours où le mental paraît ne jamais vouloir se calmer, sans que vous puissiez déceler aucune cause. Souvenez-vous alors qu'il existe un phénomène d'alternance cyclique. La méditation progresse par cycle. Il y a de bons et de mauvais jours.

Vipassana est avant tout un exercice de conscience sans ego. Vider le mental n'est pas aussi important que d'être attentif à ce qu'il est en train de faire. Si vous êtes dans tous vos états et que vous ne pouvez rien faire pour vous calmer, observez simplement. Le résultat constituera un pas de plus dans votre voyage d'exploration de vous-même. Avant tout, ne soyez pas frustré face au bavardage incessant du mental. Ce bavardage est simplement une chose de plus à observer.

## Problème n° 6 : ennui

Il est difficile d'imaginer quelque chose d'intrinsèquement plus ennuyeux que de rester assis immobile pendant une heure avec rien d'autre à faire que d'observer l'air entrant et sortant de vos narines. Vous allez rencontrer l'ennui de façon répétée dans votre méditation. Cela arrive à tout le monde. L'ennui est un état mental et il doit être traité comme tel. Quelques stratégies simples vous aideront à y faire face.

### Tactique a : ré-établissez l'attention véritable

Si la respiration paraît exagérément ennuyeuse à observer de manière continuelle, vous pouvez être sûr d'une chose : vous avez cessé d'observer le processus avec l'Attention véritable. L'Attention ne peut jamais être ennuyeuse. Regardez encore. Ne vous imaginez pas que vous savez ce qu'est la respiration. Ne prenez pas pour argent comptant que vous avez vu tout ce qu'il y a à voir. Si vous le faites, c'est que vous conceptualisez le processus. Vous n'êtes pas en train d'observer sa vivante réalité. Lorsque vous êtes clairement Attentif à la respiration ou, en vérité, à quoi que ce soit d'autre, ce n'est jamais ennuyeux. L'Attention regarde tout avec des yeux d'enfant, avec le même sens du merveilleux. Elle voit chaque seconde comme si elle était la première et la dernière dans l'univers. Alors, regardez de nouveau.

### Tactique b : observez votre état mental

Observez avec Attention votre état d'ennui. Qu'est-ce que l'ennui ? Où est l'ennui ? Que ressent-on ? Quelles sont ses composantes mentales ? Est-ce qu'il comporte des sensations physiques ? Quelle influence a-t-il sur votre pensée ? Regardez bien l'ennui, comme si vous n'aviez jamais expérimenté cet état précédemment.

## Problème n° 7 : peur

Dans la méditation, des états de peur apparaissent parfois sans raison discernable. C'est un phénomène ordinaire et il peut avoir un certain nombre de causes. Vous pouvez ressentir un complexe réprimé depuis longtemps. Souvenez-vous que les pensées apparaissent d'abord dans l'inconscient et que le contenu émotionnel d'un complexe est souvent perceptible avant que les pensées elles-mêmes ne fassent surface. Si vous conservez la posture à travers la peur, la mémoire correspondante peut apparaître, pour peu que vous soyez capable de la supporter. Vous pouvez aussi avoir directement affaire à cette peur que nous ressentons tous : celle de l'inconnu. À un certain point de votre carrière de méditant, vous serez frappé par l'importance de ce que vous êtes réellement en train de faire : vous êtes en train de démolir le mur d'illusions que vous avez toujours utilisé pour vous expliquer la vie et vous protéger de la flamme intense de la réalité. Vous êtes sur le point de rencontrer la vérité ultime face à face. C'est effrayant. Mais, en fin de compte, il faut y faire face. Allez-y. Plongez.

Troisième possibilité : la peur que vous ressentez peut être une autoproduction, sous l'effet d'une concentration malhabile. Inconsciemment, vous pouvez vous être fixé comme programme d'« examiner ce qui apparaît ». Lorsque se produit une image effrayante, la concentration s'en empare et l'image se nourrit de l'énergie de votre attention et grandit. Le vrai problème ici est la faiblesse de l'Attention. Observez la peur exactement telle qu'elle est. Ne vous y accrochez pas. Simplement, observez son apparition et son développement. Étudiez ses effets. Voyez comment elle vous fait vous sentir et comment elle affecte votre corps. Lorsque vous vous trouvez aux prises avec des scènes d'horreur, observez-les simplement avec Attention. Observez les images en tant qu'images. Voyez les souvenirs en tant que souvenirs. Observez les réactions émotionnelles qui en découlent et reconnaissez-les pour ce qu'elles sont. Tenez-vous à l'écart du processus et ne vous en mêlez pas. Traitez toute cette dynamique comme si vous étiez un spectateur intéressé. De plus haute importance : ne luttez pas avec la situation. N'essayez pas de repousser les souvenirs ou les émotions ou les scènes imaginaires. Reculez-vous et laissez tout ce mélodrame faire surface et disparaître. Il ne peut pas vous faire de mal. Il ne s'agit que de souvenirs. Il ne s'agit que d'imagination. Il ne s'agit que de peur.

Si vous la laissez se dérouler dans la sphère de l'attention consciente, elle ne s'enfoncera plus dans l'inconscient. Elle ne reviendra plus vous hanter plus tard. Elle sera partie pour toujours.

## Problème n° 8 : agitation

La nervosité cache souvent une expérience plus profonde qui a lieu dans l'inconscient. Nous, êtres humains, avons le talent de refouler les choses. Plutôt que de faire face à une pensée désagréable qui nous traverse, nous essayons de l'enterrer. Nous ne voulons pas avoir affaire au problème. Malheureusement, le succès ne couronne généralement pas nos efforts, tout au moins pas complètement. Nous cachons la pensée, mais l'énergie mentale que nous utilisons pour ce faire demeure et bouillonne. Le résultat est cette sensation d'être mal à l'aise que nous appelons « agitation » ou « nervosité ». Pourtant, rien de spécial n'est détectable. Vous n'êtes simplement pas à l'aise. Vous n'arrivez pas à vous détendre. Lorsque cet état inconfortable se produit pendant la méditation, observez-le simplement. Ne le laissez pas vous dominer. Ne vous levez pas et ne partez pas. Surtout, ne le combattez pas pour le faire partir. Laissez-le simplement être là et observez-le attentivement. Alors, les éléments refoulés finiront par faire surface et vous saurez ce qui vous tourmentait.

L'expérience déplaisante que vous avez cherché à refouler peut être de n'importe quelle nature : culpabilité, convoitise, problèmes. Ce peut être une simple douleur, une maladie prochaine. Quoi qu'il en soit, laissez la chose apparaître et observez votre agitation, elle finira par passer. Conserver la posture pendant une période d'agitation constitue une petite avancée dans votre carrière de méditant. Vous apprendrez beaucoup. Vous découvrirez qu'agitation et nervosité sont en réalité des états relativement superficiels du mental, éphémères de manière inhérente. Ils viennent et partent. Ils n'ont pas de véritable pouvoir sur vous. C'est un enseignement fort utile pour le reste de votre vie.

## Problème n° 9 : en faire trop

Les méditants avancés sont généralement des hommes et des femmes enjoués, possédant le plus précieux de tous les trésors humains : le sens de l'humour. Il ne s'agit pas de reparties superficielles, comme celles d'un maître de maison faisant les frais de la conversation. C'est un véritable sens de l'humour : ils peuvent rire de leurs propres échecs, des désastres qui ont lieu dans leur vie personnelle. Souvent, les débutants sont trop sérieux, beaucoup plus qu'il n'est souhaitable pour leur propre bien. Aussi, riez un peu ! Apprenez à vous assouplir, à vous relaxer, à flotter avec tout ce qui peut arriver. Et ce n'est pas possible si vous êtes tendu, en plein effort, prenant tout très au sérieux. Généralement, les nouveaux méditants sont trop pressés. Ils sont pleins d'espérances exagérées. Ils sautent dans la pratique et espèrent des résultats merveilleux et immédiats.

Ils se tendent, transpirent, effectuent de grands efforts, et tout est terriblement rébarbatif et solennel. Un tel état de tension est l'antithèse même de l'Attention. Aussi arrivent-ils naturellement à de médiocres résultats. Ils décident alors que ce n'est pas intéressant et que la méditation ne leur apporte pas ce qu'ils en attendent. Et ils abandonnent. Or, vous ne pouvez apprendre à méditer qu'en méditant. Vous apprendrez uniquement par expérience directe ce qu'est la méditation et où elle mène.

Par nature, les attentes des novices sont irréalistes et souffrent d'une mauvaise information. En débutant, vos espérances sont fausses et vos espoirs ne vous font pas de bien. Ils interfèrent. Trop d'effort conduit à la rigidité, à vous sentir malheureux, coupable, à vous condamner vous-même. En vous donnant trop de mal, votre effort devient mécanique, ce qui détruit l'Attention avant même qu'elle puisse s'installer. Vous avez tout intérêt à abandonner ces manières de faire. Laissez partir vos idées et vos tensions. Prenez plaisir à votre méditation. Soyez simplement attentif. La méditation elle-même se chargera de la suite.

## Problème n° 10 : découragement

La conséquence directe d'en faire trop est la frustration. Vous êtes dans un état de tension. Vous n'arrivez à rien. Vous vous rendez compte que vous ne faites pas les progrès que vous espériez, et vous vous découragez. Vous avez l'impression d'être un raté. C'est un cycle naturel, mais qu'il est possible d'éviter. Sa cause réside dans l'effort exagéré effectué en fonction d'attentes irréalistes. Néanmoins, il s'agit d'un syndrome suffisamment habituel pour que, malgré les meilleurs conseils, cela puisse aussi vous arriver. Il y a une solution. Si vous vous sentez découragé, observez simplement votre état mental clairement. N'y ajoutez rien. Observez-le simplement. Un sentiment d'échec n'est rien d'autre qu'une réaction émotionnelle éphémère. Si vous vous y impliquez, elle se nourrit de votre énergie et se développe. Si vous vous placez à distance et l'observez simplement, elle disparaît.

Si vous êtes découragé par l'échec que vous percevez dans votre méditation, il est particulièrement facile de traiter le problème. Vous sentez que vous avez échoué dans votre pratique ? Que vous n'avez pas réussi à être Attentif ? Il vous suffit d'être Attentif à ce sens de l'échec. Par cette simple action, vous rétablissez votre attention. La raison de votre sentiment d'échec n'est rien d'autre qu'un souvenir. Rien n'existe qui soit un échec en méditation. Il y a seulement des reculs et des difficultés, mais pas d'échec, à moins que vous n'abandonniez. Même si vous avez passé vingt années entières sans arriver à quoi que ce soit, vous pouvez être Attentif à la seconde même où vous décidez de l'être. C'est votre décision. Regretter n'est qu'une façon de plus de ne pas être attentif. À l'instant où vous vous apercevez que vous ne l'avez pas été, cette prise de conscience est en elle-même un acte d'Attention. Aussi, poursuivez le processus. Ne vous laissez pas mettre à l'écart par une réaction émotionnelle.

## Problème n° 11 : résistance à la méditation

Il arrive des moments où vous n'avez pas envie de méditer. L'idée même vous paraît insupportable. Manquer une fois une séance n'a que peu d'importance. Mais on en prend vite l'habitude. Il est plus sage de persévérer malgré la résistance. Prenez la posture quoi qu'il en soit. Observez le sentiment d'aversion. Dans la plupart des cas, il s'agit d'une émotion passagère, qui s'évaporera sous vos yeux. Cinq minutes après, ce sera fini. Dans d'autres cas, il s'agit d'une mauvaise humeur qui peut durer plus longtemps. Mais cela passe aussi. Et il vaut mieux vous en débarrasser avec vingt ou trente minutes de méditation que de la laisser vous gâcher toute une journée. Dans d'autres cas, la résistance peut provenir d'une difficulté que vous rencontrez dans la pratique elle-même. Vous pouvez la connaître ou non. Si le problème est connu, traitez-le par l'une des techniques indiquées dans ce manuel. Une fois le problème résolu, la résistance sera vaincue. S'il est inconnu, il va vous falloir de la ténacité pour le faire sortir. Conservez simplement la posture et observez avec Attention. Lorsque enfin la résistance aura achevé sa course, elle passera. Et le problème qui en était la cause fera probablement surface à la suite. Vous pourrez alors vous en occuper.

Si la résistance à la méditation est une caractéristique habituelle de votre pratique, il vous faut alors suspecter l'existence d'une erreur difficile à percevoir dans votre attitude. La méditation n'est pas un rituel effectué dans une posture particulière. Ce n'est pas un exercice pénible ou un moment obligatoire à passer pendant lequel on s'ennuie. Il ne s'agit pas d'une obligation austère, solennelle. Méditation égale Attention. C'est une nouvelle façon de voir. Une forme de jeu. Elle est votre amie. Regardez-la ainsi et la résistance s'évanouira comme une fumée dans la brise de l'été.

Si vous avez essayé toutes les approches ci-dessus et que la résistance demeure, alors il y a un problème. Il peut se produire certains obstacles métaphysiques dans lequel un méditant peut tomber et qui dépassent largement le sujet de ce manuel. Les débutants ne les rencontrent habituellement pas, mais cela peut arriver. N'abandonnez pas. Trouvez de l'aide. Trouvez des enseignants qualifiés de la méditation Vipassana et demandez-leur de vous aider. Ils le feront, c'est leur rôle.

## Problème n° 12 : torpeur ou engourdissement

Nous avons déjà parlé du phénomène de l'engourdissement du mental. Mais il existe une route spéciale qui y mène dont vous devez vous méfier. Il peut se produire en corollaire d'un approfondissement de la concentration. À mesure que votre relaxation s'approfondit, les muscles se détendent et la transmission nerveuse se modifie, ce qui induit un sentiment de grand calme et de légèreté dans le corps. Vous vous sentez très tranquille et quelque peu séparé du corps. C'est un état très agréable et au début, votre concentration est très bonne, bien centrée sur la respiration. À mesure que le temps passe, les sensations agréables s'intensifient et viennent distraire l'attention de la respiration. Vous commencez réellement à y prendre plaisir et votre Attention décroît considérablement. Elle finit par se disperser, se laissant mollement porter par des nuages de félicité. Le résultat est un état très peu attentif, une sorte de stupeur extatique. Naturellement, le remède est l'Attention. Observez attentivement ces phénomènes et ils disparaîtront. Lorsque des états bienheureux apparaissent, acceptez-les. Il n'est pas nécessaire de les éviter. Mais n'en devenez pas prisonnier. Ce sont des sensations physiques, traitez-les comme telles. Observez les sensations en tant que sensations. Observez l'engourdissement en tant qu'engourdissement. Observez leur apparition et observez leur disparition. Ne vous laissez pas prendre au piège.

Vous aurez des problèmes dans votre méditation. Tout le monde en a. Vous pourrez les traiter comme de terribles tourments ou comme des défis à relever. Si vous les voyez comme des fardeaux, vos souffrances ne feront que croître. Si vous les considérez comme des occasions pour apprendre et progresser, vos possibilités spirituelles sont illimitées.

# Traiter les distractions I

À un certain point, tous les méditants expérimentent des distractions pendant leur pratique, et des méthodes sont nécessaires pour les traiter. Quelques stratagèmes ont été inventés pour vous aider à vous remettre en selle plus rapidement que si vous essayiez de vous en sortir par un pur exercice de volonté. La concentration et l'Attention marchent la main dans la main. L'une complète l'autre. Si l'une est faible, l'autre souffrira. Généralement, les mauvais jours sont ceux où la concentration est faible. Votre esprit n'arrête pas de tourner en rond, et il vous faut une méthode pour rétablir votre concentration, même en face d'adversité mentale. Heureusement, il en existe. Vous pouvez même choisir parmi un éventail de stratagèmes traditionnels.

## Tactique n° 1 : évaluer la durée

La première technique a été effleurée dans un chapitre précédent. Une distraction vous a éloigné de la respiration et vous constatez soudain que vous étiez en train de rêver. L'astuce consiste à vous sortir complètement de ce qui a prise sur vous pour que vous puissiez retourner à la respiration avec une pleine attention. Faites-le en évaluant la durée pendant laquelle vous avez été distrait. Il ne s'agit pas d'un calcul précis. Vous n'avez pas besoin d'un chiffre mais seulement d'une approximation. Vous pouvez l'évaluer en minutes ou en termes de contenu de pensée. Simplement, vous vous dites : « Eh bien, j'ai été distrait pendant environ deux minutes », ou bien « depuis que le chien a aboyé », ou « depuis que j'ai commencé à penser à l'argent ». Lorsque vous commencez à utiliser cette technique, vous vous parlez à vous-même dans votre tête. Mais, une fois que vous en avez pris l'habitude, vous pouvez abandonner cette façon de faire et l'action devient très rapide et muette. L'important, souvenez-vous-en, est de sortir de la distraction et de retourner à la respiration. Vous sortez de la pensée en en faisant l'objet de votre inspection pendant une période juste suffisante pour glaner une approximation de la durée de la distraction. L'intervalle en lui-même n'est pas important. Dès que vous êtes libéré de la distraction, abandonnez et revenez à la respiration. Ne restez pas accroché à l'évaluation.

## Tactique n° 2 : respirer profondément

Lorsque le mental est difficile à contrôler, agité, vous pouvez souvent rétablir l'Attention au moyen de quelques respirations rapides et profondes. Inspirez l'air avec force et expirez de même. La sensation dans les narines en est accrue, ce qui facilite la focalisation. Employez une importante dose de volonté et appliquez aussi une certaine force à votre attention. Souvenez-vous que la concentration peut être accrue par la force, et vous retrouverez probablement votre pleine attention bien assise sur la respiration.

## Tactique n° 3 : compter

Compter les respirations à mesure de leur passage est un procédé hautement traditionnel. Certaines écoles en font leur tactique principale. Vipassana utilise le procédé de manière accessoire pour rétablir l'Attention et renforcer la concentration. Comme nous l'avons vu au chapitre « La pratique », p. 72, vous pouvez compter les respirations de différentes manières. Mais souvenez-vous de garder votre attention sur la respiration. Après avoir effectué votre comptage, vous remarquerez probablement un changement. La respiration se ralentit ou elle devient légère et fine. C'est le signal psychologique de ce que la concentration s'est établie. À ce moment la respiration est généralement si légère, si rapide et douce que vous ne pouvez pas distinguer clairement l'inspir de l'expir. Ils paraissent se fondre l'un dans l'autre.

Vous pouvez alors compter les deux ensemble comme un cycle unique. Continuez votre comptage mais seulement jusqu'à cinq, pour couvrir cinq séquences de respirations complètes. Puis recommencez. Lorsque compter devient une gêne, passez au stade suivant. Oubliez les chiffres et oubliez le concept d'inspiration et d'expiration. Plongez directement dans la pure sensation de la respiration. L'inspiration se fond dans l'expiration suivante. Une respiration se fond dans celle qui la suit en un cycle sans fin de souffle pur et égal.

## Tactique n° 4 : inspir – expir

C'est une alternative au comptage qui fonctionne essentiellement de la même manière. Dirigez simplement votre attention sur la respiration et étiquetez chaque cycle avec les mots : inspir – expir. Continuez ce procédé jusqu'à ce que vous n'ayez plus besoin de ces concepts. Alors, abandonnez-les.

## Tactique n° 5 : annuler une pensée par une autre

Certaines pensées ne veulent simplement pas partir. Nous sommes des êtres obsessionnels. Nous avons tendance à nous enfermer dans certaines choses, des imaginations sexuelles, des soucis ou des ambitions par exemple. Nous nourrissons ces complexes de pensées pendant des années et leur donnons beaucoup d'activité en jouant avec eux à nos moments de loisirs. Puis, lorsque nous nous mettons à méditer, nous leur ordonnons de s'en aller et de nous laisser en paix. Il est peu surprenant qu'ils ne nous obéissent pas. Ces pensées persistantes demandent une approche directe, une attaque frontale de grande envergure.

La psychologie bouddhiste a développé un système particulier de classification. Plutôt que de diviser les pensées en « bonnes » et « mauvaises », les bouddhistes préfèrent les considérer comme « habiles » et « malhabiles ». Une pensée malhabile est une pensée liée à la convoitise, à l'aversion ou à la haine. Ce sont celles avec lesquelles le mental construit le plus facilement des obsessions. Elles sont malhabiles en ce sens qu'elles éloignent du but de la Libération. Les pensées habiles, au contraire, sont celles liées à la générosité, à la compassion et à la sagesse. Elles sont habiles, au sens où elles peuvent être utilisées comme des remèdes spécifiques contre les pensées malhabiles et nous assister sur le chemin de la Libération.

Il n'est pas possible de conditionner la Libération. Il ne s'agit pas d'un état construit à partir de pensées. Il n'est pas possible, non plus, de conditionner les qualités personnelles que produit la Libération. Des pensées de bienveillance peuvent induire un semblant de bienveillance, mais ce n'est pas le véritable état. Il cédera sous la pression. Des pensées de compassion produisent seulement une compassion superficielle. Par suite, ces pensées habiles ne vous feront pas sortir du piège par elles-mêmes. Elles sont habiles seulement si elles sont utilisées comme antidote au poison des pensées malhabiles. Des pensées de générosité peuvent temporairement annuler la convoitise. Elles la repoussent au loin pendant une durée suffisante pour que l'Attention fasse son travail sans obstacle. Puis, lorsque l'Attention a pénétré jusqu'à la racine du processus de l'ego, l'envie s'évapore et la vraie générosité apparaît.

Ce principe peut être utilisé au jour le jour dans votre propre méditation. Si vous êtes tourmenté par une obsession particulière, vous pouvez l'annuler en engendrant son opposé. Voici un exemple : si vous avez une hostilité farouche envers Charles et que sa tête renfrognée n'arrête pas de vous venir à l'esprit, essayez de diriger un courant d'amour et de générosité envers lui. Vous vous débarrasserez probablement de l'image mentale directe. Alors vous pourrez vous mettre à méditer.

Parfois, cette tactique employée seule ne marche pas. L'obsession est trop forte. Dans ce cas, il faut diminuer son emprise avant de pouvoir l'équilibrer avec succès. C'est ici que le sens de la culpabilité, l'une des émotions humaines les plus illégitimes, trouve finalement une certaine utilité. Regardez une bonne fois la réponse émotionnelle dont vous voulez vous débarrasser. Considérez-la vraiment à fond. Voyez comment vous vous sentez sous son emprise. Regardez l'influence qu'elle exerce dans votre vie, son effet sur votre joie de vivre, votre santé, vos relations de toutes sortes. Essayez de voir comment les autres vous regardent. Voyez encore comment vous êtes empêché de progresser sur la voie de la Libération. Les écritures pali vous invitent de manière pressante à faire ce travail de façon véritablement approfondie. Elles vous invitent à faire naître en vous le même sentiment de dégoût que celui que vous auriez si vous étiez obligé de vous promener avec la carcasse en décomposition d'un animal mort attachée autour du cou. Vous devez éprouver un réel dégoût. Cette étape, à elle seule, peut en terminer avec le problème. Si cela ne suffit pas, alors équilibrez ce qui en reste en faisant surgir de nouveau l'émotion opposée.

Les pensées de convoitise couvrent tout ce qui est en relation avec le désir, depuis l'avarice la plus sordide pour les possessions matérielles, jusqu'à un désir subtil d'être respecté pour vos qualités morales. Les pensées de haine couvrent toute la gamme depuis l'humeur très légèrement maussade jusqu'à la rage meurtrière. Et l'ignorance couvre tout ce qui va du simple rêve éveillé jusqu'à une réelle hallucination. La générosité annule la convoitise. La bienveillance annule la haine. Vous pouvez trouver un antidote spécifique pour toute pensée qui vous trouble si vous réfléchissez un moment.

## Tactique n° 6 : vous souvenir de votre but

Il arrive des moments où des choses apparaissent dans l'esprit, apparemment au hasard. Des mots, des phrases sortent de l'inconscient, sans aucune raison discernable.

Des objets apparaissent. Des images se produisent et disparaissent. C'est une expérience tout à fait déconcertante. Le mental ressemble à un drapeau qui flotte par un fort vent. Il est emporté en tous sens, comme des vagues sur l'océan. Lorsque cela se produit, il suffit souvent de se souvenir de la raison pour laquelle vous êtes là. Vous pouvez vous dire : « Je ne suis pas ici simplement pour perdre mon temps avec ces pensées. Je suis ici pour me concentrer sur la respiration, qui est universelle et commune à tous les êtres vivants. » Parfois, le mental se calmera avant même que vous ayez terminé cette récitation. À d'autres occasions, il peut être nécessaire de la répéter plusieurs fois avant de vous retrouver centré sur la respiration.

Ces techniques peuvent être utilisées séparément ou en combinaison. Correctement employées, elles constituent un arsenal efficace pour votre combat contre le « mental-singe ».

# Traiter les distractions II

Ça y est. Vous êtes en train de méditer merveilleusement. Votre corps est complètement immobile et votre mental entièrement tranquille. Vous voguez en paix, en observant simplement le flux de la respiration. Inspir, expir… inspir… calme serein et concentration. Tout est parfait. Et puis, tout à coup, quelque chose de complètement différent fait irruption dans votre esprit : « Je mangerais bien une glace. » C'est une distraction, évidemment, ce n'est pas ce que vous devez faire. Vous vous en rendez compte, et vous vous hissez de nouveau vers la respiration, vous retournez au flux tranquille, inspir, expir, inspir… Et puis : « Est-ce que j'ai payé cette facture de gaz ? » Une autre distraction. Vous la remarquez également, et vous revenez à la respiration. Inspir, expir, inspir… « Le nouveau film de science-fiction est sorti. J'irais bien le voir mardi. Non, pas mardi, j'ai trop de travail, mercredi. Mieux vaut jeudi… » Encore une distraction. Vous en sortez et revenez à la respiration, sauf que vous n'y arrivez pas vraiment, car avant cela, il y a une petite voix qui continue dans votre tête : « Ce que je peux avoir mal au dos. » Et ainsi de suite, distraction après distraction, apparemment sans fin.

Quel ennui ! Mais c'est exactement ce dont il s'agit. Ces distractions constituent en réalité tout le sujet. La clef est d'apprendre à les remarquer sans en être prisonnier. C'est ce pour quoi nous sommes là. Ces distractions mentales sont à coup sûr déplaisantes. Mais c'est la manière normale de fonctionner du mental. Ne la regardez pas comme votre ennemi. C'est la simple réalité. Et si vous voulez changer quelque chose, le premier pas est de voir les choses comme elles sont.

Lorsque vous prenez la posture pour vous concentrer sur la respiration, vous êtes vite frappé par l'incroyable niveau d'activité du mental. Il bavarde. Cabriole. Vire de bord. Change de sujet. Revient en arrière. Repart en flèche. Tourne constamment en rond sur lui-même. Réfléchit. Imagine. Rêve tout éveillé. N'en soyez pas tourmenté. C'est naturel. Lorsqu'il s'éloigne du sujet de méditation, observez simplement la distraction avec attention.

Lorsque nous parlons de distraction dans la méditation de la vision intérieure, nous voulons parler de toute préoccupation quelle qu'elle soit qui détourne l'attention de la respiration. Ceci introduit une nouvelle règle, d'importance majeure, pour votre méditation : lorsque un état mental suffisamment fort pour vous distraire de l'objet de méditation apparaît, tournez brièvement votre attention sur la distraction. Faites de la distraction un objet *temporaire* de méditation. Veuillez, s'il vous plaît, bien noter le mot *temporaire*. Il est très important. Nous ne sommes pas en train de vous conseiller de changer d'objet en cours de route. Nous ne vous invitons pas à adopter un nouvel objet de méditation toutes les trois secondes. La respiration restera toujours votre focalisation primordiale. Vous dirigez votre attention sur la distraction seulement pendant le temps nécessaire pour noter certaines choses spécifiques la concernant : De quoi s'agit-il ? Quelle est sa force ? Quelle est sa durée ?

Aussitôt que vous avez répondu sans paroles à ces questions, vous en avez fini de votre examen et vous reportez votre attention sur la respiration. Ici encore, veuillez bien noter les mots clefs : *sans paroles*. Ces questions ne constituent aucunement une invitation à accroître le bavardage mental. Ce serait vous conduire dans la mauvaise direction, vers plus de pensées. Or, nous souhaitons que vous vous éloigniez de la pensée pour revenir à une expérience directe, silencieuse et non conceptuelle de la respiration. Ces questions ont pour but de vous délivrer de la distraction et de vous donner une compréhension de sa nature, non de vous trouver encore plus profondément en son pouvoir. Elles vous mettront à l'écoute de ce qui vous distrait et vous aideront à vous en débarrasser – le tout à la fois.

Voici le problème : quand une distraction ou quelque état mental que ce soit apparaît dans l'esprit, il fait éclosion d'abord dans l'inconscient. Ce n'est qu'une fraction de seconde plus tard qu'il s'élève dans le mental conscient. Cette fraction de seconde est très importante, car elle suffit pour que l'attachement se produise. La saisie s'effectue presque instantanément et elle a d'abord lieu dans l'inconscient. Aussi, au moment où elle parvient au niveau conscient, vous avez déjà commencé à vous y attacher. Il est alors tout à fait naturel de poursuivre le processus, en devenant de plus en plus étroitement prisonnier de la distraction, à mesure que vous l'observez. Et vous vous trouvez en train de « penser la pensée » au lieu de la voir avec l'attention pure. La séquence entière se produit en un flash. Au moment où vous devenez conscient d'une distraction, vous êtes déjà enlisé. Les trois questions constituent alors un remède habile contre cette maladie spécifique. Pour y répondre, vous devez évaluer la qualité de la distraction, ce qui n'est possible que si vous vous mettez mentalement en retrait, et la regardez objectivement. Il faut arrêter de penser la pensée ou de ressentir l'émotion afin de les voir comme un objet à inspecter. Ce processus est en lui-même un exercice de l'Attention, conscience détachée, non impliquée. L'emprise de la distraction est ainsi rompue et l'Attention reprend le contrôle. À ce point, elle effectue un mouvement de transition douce vers son centre primordial et vous revenez à la respiration.

Au début, quand vous commencerez à pratiquer cette technique, vous serez probablement obligé de le faire avec des mots. Vous vous poserez mentalement les questions avec des mots et obtiendrez des réponses avec des mots. Toutefois, cela ne prendra pas longtemps avant que vous puissiez vous dispenser de la formalité des mots. Une fois les habitudes mentales en place, vous notez simplement la distraction, ses qualités et retournez à la respiration. C'est un processus non conceptuel et très rapide. La distraction elle-même peut être de n'importe quelle nature : un son, une sensation, une émotion, une imagination... Quelle qu'elle soit, n'essayez pas de la réprimer. N'essayez pas de la chasser de force. Ce n'est pas nécessaire. Observez-la simplement avec l'attention pure. Examinez la distraction sans utiliser de mots, et elle disparaîtra d'elle-même. Vous constaterez que votre attention retourne sans effort à la respiration. Et ne vous condamnez pas pour avoir été distrait. Les distractions sont naturelles. Elles viennent et s'en vont. Malgré ce sage conseil, vous allez vous surprendre en train de vous condamner. C'est également naturel. Observez simplement le processus de condamnation comme une distraction de plus, et revenez à la respiration.

Observez la succession des événements : respiration, respiration. Apparition de la pensée constituant la distraction. Apparition de la frustration résultant de la pensée perturbatrice. Autocondamnation pour la distraction. Observation de la condamnation. Retour à la respiration. Respiration. Respiration. Il s'agit d'un cycle bien naturel, d'un mouvement régulier, si vous le faites correctement. L'important est la patience. Si vous pouvez apprendre à observer ces distractions sans vous impliquer, cela devient facile. Vous glissez sur les distractions et votre attention retourne à la respiration. Bien sûr, la même distraction peut réapparaître un instant après. Si c'est le cas, observez-la simplement, attentivement. S'il s'agit d'une formation mentale ancienne, solidement établie, elle peut durer un bon moment, parfois des années. N'en soyez pas irrité. C'est également naturel. Observez simplement la distraction et revenez à la respiration. Ne luttez pas avec ces pensées distrayantes. Ne vous tendez pas, ne les combattez pas. C'est inutile. Toute dose d'énergie que vous appliquez à la résistance entre dans la formation de pensée et la rend d'autant plus forte. Aussi, n'essayez pas de forcer ces pensées à sortir de votre esprit. C'est une bataille que vous ne pourrez jamais gagner. Observez simplement les distractions attentivement et elles finiront par s'en aller. C'est étrange, mais plus vous leur appliquez de l'attention pure, plus elles s'affaiblissent. Observez-les suffisamment longtemps et suffisamment fréquemment, avec l'attention pure et elles disparaîtront pour toujours. Luttez avec elles et elles gagnent en force. Observez-les avec détachement et elles s'évanouissent.

L'Attention est une fonction qui désamorce les distractions de la même façon qu'un expert en munitions désamorcerait une bombe. Les distractions faibles sont désamorcées par un simple regard. Que la lumière de la conscience sans ego les éclaire et elles s'évanouissent immédiatement pour ne jamais revenir. Les formations de pensées profondément établies, habituelles, demandent une Attention constante, appliquée de manière répétée, aussi longtemps qu'il est nécessaire pour rompre leur étreinte. Les distractions sont véritablement des tigres de papier. Elles n'ont pas de pouvoir propre. Elles doivent être constamment nourries, sinon elles meurent. Si vous refusez de les alimenter de votre propre peur, de votre colère ou votre intérêt, elles s'évaporent.

L'Attention est le plus important aspect de la méditation. C'est la chose primordiale que vous essayez de cultiver. Aussi n'y a-t-il réellement aucun besoin de lutter contre les distractions. Le point crucial est d'être conscient de ce qui se passe, non de contrôler ce qui se passe. Souvenez-vous que la concentration n'est qu'un outil. Elle est secondaire par rapport à l'attention pure. Du point de vue de l'Attention, il n'existe à vrai dire aucune distraction. Quoi que ce soit qui apparaisse dans le mental est vu comme une occasion de plus de pratiquer l'Attention. La respiration n'est qu'un foyer arbitraire de focalisation, utilisé comme objet primaire. Les distractions, quant à elles, sont utilisées comme des objets secondaires. Elles constituent certainement une part tout aussi grande de la réalité que la respiration. En fait, l'objet sur lequel porte l'Attention n'a que peu d'importance. Vous pouvez être Attentif à la respiration, ou vous pouvez être Attentif à la distraction. Vous pouvez être Attentif au fait que votre mental est au repos et que votre concentration est forte, comme vous pouvez être Attentif au fait que votre concentration est en miettes et que votre mental est en pleine confusion. Maintenez simplement cette Attention et la concentration viendra.

Le but de la méditation n'est pas de se concentrer sur la respiration, sans interruption, pour toujours. Ce serait sans intérêt. Ce n'est pas non plus de développer un mental parfaitement calme et serein. Bien qu'il s'agisse d'un état merveilleux, il ne conduit pas en lui-même à la Libération. Le but est d'arriver à l'Attention ininterrompue. Celle-ci, et uniquement celle-ci, produit l'Illumination.

Les distractions se produisent en tout genre, en toutes couleurs et en toutes tailles. La philosophie bouddhiste les a classées en différentes catégories. L'une d'elles est celle des empêchements. Ils portent ce nom, car ils bloquent le développement des deux composantes de la méditation que sont la concentration et l'Attention. Mais il est bon d'utiliser ce terme avec quelques précautions : le mot « empêchement » comporte une connotation négative, et s'il est vrai que nous voulons éliminer les états mentaux dont il s'agit, cela ne veut pas dire, cependant, qu'ils doivent être réprimés, évités ou condamnés.

Prenons par exemple la convoitise. Nous souhaitons éviter de prolonger tout état d'avidité qui apparaît, car sa poursuite conduit à la dépendance et à la souffrance. Cela ne signifie cependant pas que nous allons la repousser hors du mental lorsqu'elle apparaît. Nous refusons simplement de l'encourager à rester. Nous la laissons venir et nous la laissons partir. Lorsque le désir est d'abord observé avec l'attention pure, aucun jugement de valeur n'est porté. Nous prenons simplement du recul et observons son apparition. Toute la dynamique de l'avidité est simplement observée du début à la fin. Nous ne l'aidons pas, ne l'empêchons pas et n'interférons pas de la moindre manière. Elle reste tant qu'elle reste. Et nous apprenons tout ce que nous pouvons à son sujet pendant qu'elle est là. Nous observons ses effets, constatons comment elle nous tourmente, comment elle porte atteinte aux autres. Nous observons de quelle manière elle nous maintient dans l'insatisfaction, constamment dans un état de frustration. À partir de cette observation directe, nous vérifions de manière certaine que le désir constitue une manière maladroite de fonctionner dans la vie. Et cela n'a rien de théorique.

Tous les empêchements sont traités de la même façon, et nous allons les examiner maintenant un par un.

*Désir*. Supposons que vous ayez été distrait pendant la méditation par une expérience agréable. Il peut s'agir d'une imagination plaisante, d'une pensée de fierté, d'un sentiment d'amour-propre, d'une pensée d'amour ou même d'une sensation physique de bien-être issue de la méditation même. Quoi qu'il en soit, il en résulte un état de désir d'obtenir ce à quoi vous avez pensé ou celui de prolonger l'expérience que vous êtes en train de faire. Quelle que soit sa nature, il convient de traiter le désir de la manière suivante. Remarquez la pensée ou la sensation lorsqu'elle apparaît. Remarquez l'état mental de désir qui l'accompagne comme une chose distincte. Notez l'étendue ou le degré exact de ce désir. Ensuite, remarquez combien de temps il dure et quand il disparaît finalement. Lorsque vous avez fait cela, reportez votre attention sur la respiration.

*Aversion*. Supposons que vous ayez été distrait par une expérience négative. Quelque chose dont vous avez peur, une inquiétude harcelante, une sensation de culpabilité, de dépression ou de douleur. Quelle que soit la substance réelle de la pensée ou de la sensation, vous vous retrouvez en train de la rejeter ou de la réprimer, en train d'essayer de l'éviter, d'y résister ou de la refuser. La manière d'opérer est essentiellement similaire. Observez l'apparition de la pensée ou de la sensation. Remarquez l'état de rejet qui apparaît avec elle. Mesurez l'étendue ou le degré du rejet. Voyez combien de temps il dure et quand il disparaît. Ensuite, reportez votre attention sur la respiration.

*Léthargie*. La léthargie se produit à des degrés divers d'intensité, allant d'une légère somnolence à une totale torpeur. Nous parlons ici d'un état du mental et non d'un état physique. L'envie de dormir ou la fatigue physique est quelque chose de très différent qui serait considéré, dans le système de classification bouddhiste, comme une sensation d'ordre physique. La léthargie mentale est en étroite relation avec l'aversion en ce sens qu'il s'agit d'un des procédés utilisés par le mental pour éviter les sujets qui lui sont désagréables. C'est une sorte de déconcentration de l'appareil mental, un engourdissement de l'acuité sensorielle et cognitive, un état de stupeur se faisant passer pour du sommeil. Le cas peut être difficile à traiter, car la léthargie est directement contraire à l'Attention. Néanmoins, cette dernière est également le remède contre cet empêchement et la manière de procéder est la même. Notez l'état de torpeur quand il apparaît, son étendue ou son degré. Observez quand il se produit, combien de temps il dure et quand il disparaît. La seule chose spéciale ici est l'importance particulière que joue le fait d'attraper le phénomène de bonne heure. Il est important de le saisir à sa naissance et d'appliquer immédiatement de larges doses de conscience pure. Si vous le laissez démarrer, sa vitesse de croissance dépassera probablement votre pouvoir d'Attention. S'il gagne, le résultat est l'engourdissement ou le sommeil.

*Agitation*. Les états d'impatience et d'anxiété sont des expressions de l'agitation mentale. Votre mental se précipite constamment sur de nouveaux objets, refusant de s'établir sur quoi que ce soit. Il passe constamment d'un sujet à l'autre. Le remède contre cet état se trouve dans la même séquence de base. L'agitation donne un certain sentiment à la conscience. Vous pourriez appeler cela une texture ou une couleur. Quel que soit le nom que vous lui donniez, ce sentiment d'instabilité est là, comme une caractéristique définissable. Recherchez-le. Une fois que vous l'aurez trouvé, notez quelle est son intensité. Notez quand il apparaît. Notez sa durée, et voyez quand il disparaît. Reportez ensuite votre attention sur la respiration.

*Doute*. Le doute est ressenti d'une manière particulière dans la conscience. Les textes pali le décrivent très bien. C'est le sentiment éprouvé par un homme, perdu dans le désert, qui arrive à un croisement sans poteau indicateur. Quel chemin doit-il prendre ? Il n'y a aucun moyen de le savoir. Alors, il reste là à hésiter. L'une des formes prises par le doute dans la méditation est celle d'un dialogue intérieur de ce genre : « Qu'est-ce que je fais là, assis sur ce coussin ? Est-ce que cela me mène quelque part ? Bien sûr que oui, le livre dit que c'est excellent. Mais non, c'est idiot. Je perds mon temps. Mais je n'abandonne pas. J'ai dit que je le ferai et je vais le faire. Je m'entête peut-être pour rien ! Ah, je ne sais pas, je ne sais vraiment pas… » Ne vous faites pas prendre à ce piège. Il s'agit d'un des empêchements essentiels, un des écrans de fumée créés par le mental pour vous empêcher de faire la chose la plus terrible au monde : devenir véritablement conscient de ce qui se passe. Pour traiter le doute, prenez simplement conscience de cet état d'hésitation en tant qu'objet d'investigation. N'entrez pas dans le piège. Reculez et regardez-le. Voyez quelle est sa force. Voyez quand il apparaît et combien de temps il dure. Ensuite, observez son effacement et revenez à la respiration.

Voilà le schéma général que vous allez utiliser pour toute distraction. Par distraction, souvenez-vous que nous voulons parler de tout état mental qui apparaît et empêche votre méditation. Certains d'entre eux sont très subtils. Aussi est-il utile de dresser une liste de quelques possibilités. D'abord, les états négatifs, relativement faciles à repérer : l'insécurité, la peur, la colère, la dépression, l'irritation et la frustration.

L'envie et le désir sont un peu plus difficiles à déceler, car ils peuvent concerner des choses que nous considérons normalement comme vertueuses ou nobles. Nous pouvons éprouver le désir de nous perfectionner. Ressentir l'envie d'une plus grande vertu. Développer même un attachement pour la béatitude issue du processus de la méditation elle-même. Il est difficile de nous détacher de sentiments de cette qualité. Mais, en fin de compte, il ne s'agit encore que de désir. C'est un désir de gratification et une façon astucieuse d'ignorer la réalité de l'instant présent.

Les plus difficiles de tous sont ces états du mental, réellement positifs, qui viennent se faufiler dans votre méditation. Le bonheur, la paix, le contentement intérieur, la sympathie et la compassion pour tous les êtres où qu'ils soient. Ces états sont si doux, si bienveillants que vous pouvez à peine supporter de vous en détacher. Vous avez le sentiment d'être un traître vis-à-vis de l'humanité. Il n'est pas nécessaire d'en arriver là.

Nous ne conseillons ni de les rejeter ni de devenir des robots sans cœur. Nous vous invitons simplement à les voir pour ce qu'ils sont : des états du mental. Ils vont et viennent. Apparaissent et disparaissent. À mesure que vous poursuivrez votre méditation, ils apparaîtront plus fréquemment. La solution est de ne pas s'y attacher. Voyez-les simplement à mesure qu'ils apparaissent. Voyez ce dont il s'agit, quelles sont leur force et leur durée. Ensuite, observez leur disparition. Il ne s'agit de rien d'autre que du spectacle changeant de votre univers mental.

Tout comme la respiration, les états mentaux se produisent par phase. Chaque respiration a un commencement, un milieu et une fin. Tout état mental a une naissance, une croissance et une désintégration. Vous devez vous efforcer de voir ces phases clairement. Toutefois ce n'est pas facile. Comme vous l'avez déjà remarqué, chaque pensée, chaque sensation commence dans la partie inconsciente du mental et ne s'élève qu'ensuite à la conscience. Généralement, nous n'en devenons conscients qu'après qu'elle y est demeurée un certain temps. En fait, nous ne devenons normalement conscients des distractions que lorsqu'elles ont déjà relâché leur emprise sur nous et qu'elles sont en train de disparaître. C'est à ce point que nous sommes frappés par la prise de conscience soudaine du fait que nous étions quelque part, en train de rêver tout éveillés. Bien évidemment, c'est beaucoup trop tard. Nous pourrions appeler ce phénomène « attraper le tigre par la queue », et c'est très maladroit. Tout comme pour affronter une bête féroce, nous devons approcher les états mentaux de face. Patiemment, nous apprendrons à les reconnaître à mesure qu'ils s'élèvent de zones progressivement plus profondes du mental.

Étant donné que les états mentaux s'élèvent d'abord dans l'inconscient, pour saisir leur apparition, il faut élargir votre conscience en profondeur, jusque dans cette zone inconsciente. C'est difficile, car vous ne pouvez pas voir, en bas, ce qui se passe – tout au moins, pas de la même manière que vous pouvez voir une pensée consciente. Mais vous pouvez apprendre à développer un sens des mouvements, à opérer par une sorte de sens mental du toucher. Cette capacité vient avec la pratique. Elle est un des effets du calme profond de la concentration qui ralentit l'apparition des états mentaux et vous donne le temps de sentir chacun d'eux s'élevant de l'inconscient, avant même que vous ne les voyiez dans la sensibilité. La concentration vous aide à étendre votre conscience et à la faire descendre jusque dans cette zone sombre et bouillonnante où commencent pensées et sensations.

À mesure que votre concentration s'approfondit, vous développez la capacité de voir apparaître lentement les pensées et les sensations, comme des bulles séparées, distinctes les unes des autres, avec des espaces entre elles. Elles montent de l'inconscient, puis s'éloignent et disparaissent.

L'application de la conscience neutre aux états mentaux est une opération de précision. C'est particulièrement vrai pour les émotions et les sensations. Il est très facile d'ajouter quelque chose à la sensation, au-delà de sa réalité absolue. Mais il est tout aussi facile de rester en deçà, de n'en saisir qu'une partie et non la totalité. L'idéal est d'expérimenter chaque état mental complètement et exactement tel qu'il est, sans rien y ajouter ni rien en retrancher. À titre d'exemple, prenons une douleur à la jambe. C'est un flux pur de sensations qui est réellement présent. Il change constamment, n'est jamais stable, se déplace d'un endroit à un autre et son intensité croît et décroît. La douleur n'est pas une « chose ». C'est un événement. Il n'y a aucun concept à y ajouter ni à y associer. Une conscience pure et non obstruée de cet événement l'expérimentera comme un flux d'énergie, sans plus. Aucune pensée. Aucun rejet. Simplement l'énergie.

De bonne heure dans notre pratique, il nous est nécessaire

de repenser nos opinions sous-jacentes concernant le monde des concepts. La plupart d'entre nous avons obtenu des honneurs à l'école, des résultats heureux dans notre vie grâce à notre habileté à manier les phénomènes du mental – les concepts – de façon logique. Nous considérons que nos carrières, une bonne part de notre succès dans la vie quotidienne, nos relations agréables sont en majeure partie le fruit de cette capacité. Mais, maintenant, en développant l'Attention, nous suspendons temporairement le processus de conceptualisation et nous nous concentrons sur la pure nature des phénomènes mentaux : pendant la méditation nous cherchons à expérimenter le mental au stade préconceptuel.

Mais le mental conceptualise des expériences telles que celle de la douleur. Vous vous retrouvez en train d'y penser en tant que « douleur ». C'est un concept. C'est une étiquette, quelque chose d'ajouté à la sensation elle-même. Et vous construisez une image mentale de la douleur, en la voyant comme une entité. Vous pouvez voir un schéma de la jambe où la douleur est représentée avec une jolie couleur. C'est créatif et attrayant, mais nullement ce que nous cherchons. Il s'agit de concepts plaqués sur la réalité vivante. Très vraisemblablement vous vous retrouverez en train de penser : « J'ai une douleur à la jambe. » « Je » est un concept. C'est quelque chose d'extérieur ajouté à l'expérience pure.

Lorsque vous introduisez « je » dans le processus, vous établissez une discontinuité conceptuelle entre la réalité et la conscience sans ego qui la voit. Des pensées telles que « moi », « mon », « à moi » n'ont aucune place dans la conscience directe. Ce sont des ajouts étrangers, de caractère trompeur. Lorsque vous faites intervenir « moi » dans le jeu, vous vous identifiez avec la douleur. L'effet est de la renforcer. Si vous laissez le « je » en dehors de l'opération, la douleur n'est pas douloureuse. C'est simplement un pur flux d'énergie. Si vous constatez que « je » s'insinue dans votre expérience de la douleur ou dans n'importe quelle autre sensation, alors observez le fait avec l'Attention. Appliquez l'Attention pure au phénomène de l'identification personnelle avec la douleur.

L'idée générale, cependant, est presque trop simple. Vous voulez véritablement voir les sensations, qu'il s'agisse de douleur, de bonheur ou d'ennui. Vous voulez en faire l'expérience complètement, dans leur forme naturelle et non altérée. Il n'y a qu'une façon d'y parvenir. Votre réglage doit être précis. Votre prise de conscience doit être exactement coordonnée avec l'apparition de chaque sensation. Si vous les attrapez un peu trop tard, vous en manquez le début et n'en avez pas l'ensemble. Si vous vous attardez aussi peu que ce soit sur l'une d'elles après qu'elle s'est dissipée, c'est à un souvenir que vous vous attachez. Elle-même est partie, et en vous attachant au souvenir, vous manquez la naissance de la prochaine sensation. C'est une opération fort délicate. Elle demande de naviguer en plein dans l'instant présent, en saisissant et en relâchant sans aucun délai. Il faut un toucher très fin. Votre relation aux sensations ne doit jamais être imprégnée de passé ou de futur mais toujours du simple présent.

Le mental humain cherche à conceptualiser les phénomènes, et il a développé des façons astucieuses d'y parvenir. Si vous le laissez faire, chaque sensation déclenche une vague de pensée conceptuelle. Prenons l'exemple de l'ouïe. Vous êtes assis en méditation et quelqu'un dans la pièce d'à côté laisse tomber une assiette. Le son frappe votre oreille. Instantanément, vous voyez une image de cette pièce. Probablement voyez-vous aussi quelqu'un en train de faire tomber l'assiette. Si l'environnement vous est familier, disons votre propre maison, c'est un vrai film mental en couleurs de la personne qui a laissé tomber l'assiette et de quelle assiette il s'agit ! Cette séquence d'images se présente immédiatement à la conscience. Elle jaillit de l'inconscient avec une telle clarté, une telle vigueur et une telle force contraignante qu'elle repousse tout le reste hors de votre vision. Qu'est-il advenu de la sensation d'origine, de la pure expérience d'entendre ? Elle est perdue dans la projection, complètement submergée et oubliée. Nous manquons la réalité. Nous vivons dans un monde de fantasmes.

Voici un autre exemple. Vous êtes assis en méditation et un son vous frappe l'oreille, un bruit indistinct, une sorte de craquement étouffé. Ce pourrait être n'importe quoi. Un discours intérieur du genre suivant peut se produire : « Qu'est-ce que c'est ? Qui a fait ça ? D'où est-ce que cela vient ? Est-ce proche ou lointain ? Est-ce dangereux ? » Et cela continue, sans obtenir d'autre réponse que la suite des projections de votre propre imagination. La conceptualisation est un processus trompeur. Elle s'introduit au sein de l'expérience et prend tout simplement les commandes. Lorsque vous entendez un son pendant la méditation, portez simplement votre attention sur l'expérience d'entendre. Cela et rien que cela. Ce qui est en train d'arriver est si simple que nous pouvons le manquer et, effectivement, nous le manquons.

Les ondes sonores frappent l'oreille selon un schéma sans pareil. Ces ondes sont transformées en impulsions électriques à l'intérieur du cerveau et ces impulsions présentent un flux sonore à la conscience. C'est tout. Aucune image. Pas de cinéma mental. Pas de concept. Pas de dialogue intérieur sur le sujet. Simplement des bruits. La réalité est d'une élégance simple et sans fioritures. Lorsque vous entendrez un son, soyez attentif au processus d'entendre. Tout le reste est du bavardage surajouté. Laissez-le tomber. Cette même règle s'applique à n'importe quelle sensation, émotion, à quelque expérience que ce soit. Regardez votre propre expérience de près. Creusez à travers les couches du bric-à-brac mental et voyez ce qui est réellement là. Vous serez émerveillé de voir à quel point c'est simple, et combien c'est beau.

Il y a des moments où plusieurs éléments peuvent apparaître en même temps. Vous pouvez avoir une pensée de peur, une tension dans l'estomac, une douleur dans le dos, un chatouillement à l'oreille gauche, en même temps. Ne passez pas constamment de l'un à l'autre, et ne restez pas non plus à vous demander lequel choisir. L'un d'eux est le plus fort. Simplement, ouvrez-vous et le plus insistant de ces phénomènes s'imposera et exigera votre attention. Accordez-la-lui pendant juste la durée nécessaire pour le voir disparaître. Ensuite, revenez à la respiration. Si un autre s'impose, laissez-le entrer. Quand il a disparu, revenez à la respiration.

Toutefois, le processus peut être poussé trop loin. Ne restez pas assis à rechercher d'autres objets à observer. Conservez votre attention sur la respiration jusqu'à ce que quelque chose d'autre fasse son apparition et entraîne l'attention hors de celle-ci. Lorsque vous sentez que cela arrive, ne résistez pas. Laissez l'attention se porter naturellement sur la distraction et conservez-la ainsi jusqu'à ce que cette dernière disparaisse. Retournez alors à la respiration et ne cherchez pas d'autres phénomènes physiques ou mentaux à observer. Revenez seulement à la respiration. Laissez les phénomènes venir à vous. Il y aura, bien sûr, des moments où vous vous égarerez. Même après une longue pratique, vous vous retrouverez soudain en train de vous réveiller, réalisant que vous vous êtes perdu un moment. Ne vous découragez pas. Rendez-vous compte que vous avez été distrait pendant telle durée et revenez à la respiration. Il n'est pas nécessaire d'avoir une quelconque réaction négative. Le fait même de réaliser que vous vous êtes égaré constitue un processus actif de conscience. C'est en soi-même un exercice de pure attention.

L'Attention se développe par l'exercice de l'Attention. C'est la même chose que de faire travailler un muscle. Chaque fois que vous l'exercez, vous la faites croître. Le simple fait d'avoir éprouvé cette sensation de réveil prouve que vous avez amélioré votre pouvoir d'Attention. Cela signifie que vous êtes en train de gagner. Retournez à la respiration sans regret. Toutefois, le regret est un phénomène conditionné – et il peut se produire quand même –, c'est encore une habitude mentale. Si vous vous sentez découragé, frustré, ou en train de vous condamner, observez le fait simplement avec l'attention pure. Ce n'est rien d'autre qu'une distraction de plus. Mettez l'Attention dessus et observez la distraction jusqu'à sa disparition, puis retournez à la respiration.

La méditation est comme un acide mental qui mange doucement ce sur quoi on l'applique. Nous, êtres humains, sommes très étranges. Nous aimons la saveur de certains poisons et continuons à les consommer même lorsqu'ils nous tuent. Les pensées auxquelles nous sommes attachés sont du poison. Vous allez constater que vous êtes tout disposé à en déraciner certaines, alors que vous voulez en préserver d'autres et continuer à les chérir jalousement. Cela fait partie de la condition humaine.

Vipassana n'est pas un jeu. La claire conscience est plus qu'un agréable passe-temps. C'est la route qui mène hors du marécage dont nous sommes tous prisonniers. Il est relativement facile d'appliquer l'Attention aux aspects les plus déplaisants de notre existence. Une fois que vous avez vu la peur et la dépression s'évaporer sous le feu brûlant de la conscience neutre, vous aurez envie de répéter le processus. Mais il s'agit là d'états mentaux déplaisants, de ceux qui vous font mal et dont vous voulez vous débarrasser. Il est beaucoup plus difficile d'appliquer le même procédé aux états que vous chérissez, tels que le patriotisme, la protection parentale ou un amour sincère. Mais c'est tout aussi nécessaire. Les attachements positifs nous maintiennent dans la boue aussi sûrement que les attachements négatifs. Vous avez la possibilité de sortir du marécage pour mieux respirer, si vous pratiquez Vipassana avec diligence. Vipassana est la route qui mène au Nibbana. Et d'après ceux qui se sont frayé un chemin jusqu'à ce but suprême, il mérite bien tous les efforts nécessaires pour y parvenir.

# L'Attention *(Sati)*

L'« Attention » *(mindfulness* en anglais) est une façon de traduire le mot pali *Sati*. Sati est une activité. Qu'est-ce donc exactement ? Il n'est pas possible de donner une réponse précise, du moins pas avec des mots. Les mots sont conçus par les niveaux symboliques du mental et ils décrivent des réalités avec lesquelles la pensée symbolique est en rapport. Sati (« Attention ») est présymbolique. Elle n'est pas tributaire de la logique. Néanmoins, il est possible d'en faire l'expérience – assez facilement – et elle peut être décrite, à condition que vous vous souveniez que les mots ne sont que les doigts qui pointent en direction de la Lune. Ils ne sont pas la Lune elle-même. L'expérience réelle se trouve au-delà des mots et au-dessus des symboles. L'Attention pourrait être décrite par des termes complètement différents de ceux qui vont être utilisés et chaque description pourrait être néanmoins correcte.

L'Attention est un processus subtil que vous utilisez en ce moment même. Le fait que ce processus se trouve au-dessus et au-delà des mots ne le rend pas irréel – c'est tout le contraire. L'Attention est la réalité qui donne naissance aux mots – les mots qui s'ensuivent ne sont qu'un pâle reflet de cette réalité. Aussi est-il important de comprendre que tout ce qui est exprimé à présent n'est qu'analogique. Le sens n'en sera pas parfait. Le fait lui-même sera toujours au-delà du discours. Mais vous pouvez en faire l'expérience. La technique de méditation exposée par le Bouddha il y a vingt-cinq siècles constitue un ensemble d'activités mentales dont le but est d'expérimenter un état d'Attention ininterrompu.

Au moment même où vous devenez conscient de quelque chose existe un fugitif instant de pure conscience, juste avant que vous conceptualisiez, avant que vous identifiiez. C'est une phase d'Attention. Ordinairement, elle est très courte : un flash d'une fraction de seconde, au moment même où vous focalisez les yeux sur l'objet, où vous portez votre esprit vers lui, avant de l'objectiver, avant de le cerner mentalement et de le séparer du reste de l'existence. Cela arrive juste avant que vous ne commenciez à y penser, avant que votre mental ne dise : « Oh ! c'est un chien. » Ce moment fluide, de pure conscience, à la focalisation douce, est l'Attention. Dans le bref éclair de cet « instant-mental » vous faites l'expérience d'une chose en tant que non-chose. Vous expérimentez un instant fluide et doux d'expérience pure, faisant partie de l'ensemble de la réalité, non séparé. L'Attention ressemble beaucoup à la vision périphérique, comparée à la dure mise au point de la vision centrale ou normale. Pourtant, cet instant de douce conscience non focalisée contient une sorte de savoir très profond, qui est perdu dès que vous concentrez votre esprit et que vous objectivez l'objet en tant qu'objet. Dans le fonctionnement ordinaire de la conscience, la phase d'Attention est si fugitive qu'elle n'est pas observable. Nous avons pris l'habitude de gaspiller notre attention sur toutes les phases suivantes, nous concentrant sur la perception en développant la compréhension, la conceptualisant, et, plus que tout, nous investissant dans une longue chaîne de pensées symboliques. Le moment original d'Attention est rapidement dépassé. Le but de Vipassana est de nous entraîner à prolonger cet instant de conscience sans ego.

Quand l'Attention est prolongée en utilisant les techniques appropriées, vous découvrez la profondeur de cette expérience et elle change votre entière vision de l'univers. Mais cet état de perception doit être appris, et il est nécessaire d'effectuer une pratique régulière. Une fois la technique acquise, vous découvrez que l'Attention présente de nombreux aspects intéressants.

## Caractéristiques de l'Attention

*L'Attention est pensée-miroir.* Elle reflète seulement ce qui se passe dans l'instant présent, exactement de la manière dont cela se passe. Il n'y a aucune déformation.

*L'Attention est observation sans jugement*. C'est la capacité mentale d'observer sans critiquer. Avec cette capacité, les choses sont vues sans condamnation ni jugement. Rien ne surprend. Un intérêt équilibré est pris dans les choses, exactement telles qu'elles sont dans leur état naturel. Il n'y a ni décision ni jugement. Simplement observation.

Il nous est psychologiquement impossible d'observer objectivement ce qui se passe en nous si nous n'acceptons pas en même temps nos divers états mentaux. C'est particulièrement vrai pour les états déplaisants. Pour observer notre peur, il faut accepter le fait d'avoir peur. Nous ne pouvons pas observer notre propre dépression sans l'accepter complètement. Il en est de même pour l'irritation et l'agitation, la frustration et tous les autres états émotionnels inconfortables. Nous ne pouvons pas examiner quelque chose complètement si, en même temps, nous sommes en train de rejeter son existence. Quelle que soit l'expérience que nous puissions avoir, l'Attention l'accepte tout simplement. Il s'agit d'un événement de la vie, d'une autre chose dont il faut être conscients. Aucun orgueil, aucune honte, rien de personnel en jeu – ce qui est là est là.

*L'Attention est vigilance impartiale*. Elle ne prend pas parti. Elle n'est pas prisonnière de ce qui est perçu. Elle perçoit seulement. L'Attention ne s'engoue pas de bons états mentaux ni ne cherche à contourner les mauvais. Il n'y a pas de désir de prolonger ceux qui sont plaisants ni de faire disparaître ceux qui sont déplaisants. L'Attention considère chaque expérience comme équivalente, toutes les pensées comme équivalentes, tous les sentiments comme égaux. Rien n'est supprimé. Rien n'est réprimé. L'Attention ne fait pas de favoritisme.

*L'Attention est conscience non conceptuelle*. Un autre terme pour *Sati* est « attention pure ». Ce n'est pas de la pensée. Sati ne se soucie ni de pensées ni de concepts. Sati n'est pas engluée dans des idées, des opinions ou des souvenirs. Simplement, elle voit. L'Attention enregistre les expériences, mais ne les compare pas. Elle ne les étiquette pas, ne les classe pas. Elle observe simplement chaque chose comme si cela se produisait pour la première fois. Ce n'est pas de l'analyse, qui est fondée sur la réflexion et la mémoire. C'est l'expérience directe et immédiate de tout ce qui arrive, sans l'intermédiaire de la pensée. L'Attention se situe avant la pensée dans le processus de la perception.

*L'Attention est conscience dans l'instant*. Elle se produit dans l'ici et maintenant. C'est l'observation de ce qui arrive exactement dans l'instant. Elle demeure à jamais dans le présent, surgissant perpétuellement sur la crête de la vague ininterrompue du temps qui passe. Si vous vous souvenez de votre vieux maître d'école, il s'agit de mémoire. Quand vous devenez conscient que vous êtes en train de vous souvenir de votre vieux maître d'école, c'est l'Attention. Si ensuite vous conceptualisez la chose et vous dites en vous-même : « Oh ! je suis en train de me souvenir », c'est penser.

*L'Attention est vigilance sans ego*. Elle se produit sans référence au moi. L'Attention voit tous les phénomènes sans mise en jeu de concepts tels que « moi », « mon », ou « mien ». Par exemple, supposons qu'il y ait une douleur dans votre jambe gauche. La conscience ordinaire dira : « J'ai mal à la jambe. » En utilisant l'Attention, la sensation sera simplement notée en tant que sensation. Le concept supplémentaire « je » ne sera pas ajouté. L'Attention nous stoppe dans l'adjonction ou la soustraction de quoi que ce soit à la sensation. On ne valorise rien. On n'insiste sur rien. On observe simplement.

*L'Attention est conscience sans objectif.* Avec elle, on ne s'efforce pas d'atteindre des résultats. On ne cherche pas à accomplir quoi que ce soit. Lorsqu'on est Attentif, on a l'expérience de la réalité dans le présent quelle que soit la forme qu'elle prenne. Il n'y a rien à accomplir. Il n'y a que l'observation.

*L'Attention est conscience du changement.* C'est observer le flux changeant de l'expérience. C'est observer les choses en train de se modifier. C'est voir la naissance, la croissance, la maturité de tous les phénomènes. Observer leur désintégration et leur mort. Observer les phénomènes physiques, mentaux et émotionnels – tout ce qui est présent – à mesure de leur production dans le mental. L'Attention est observation de la nature fondamentale de chaque phénomène passager. C'est voir comment il nous fait nous sentir et comment nous y réagissons. C'est observer comment les autres sont affectés. Avec l'Attention, nous sommes un observateur sans parti pris, dont le seul travail est de suivre le déroulement du film constamment changeant de l'univers intérieur. *Veuillez bien noter ce point.* L'Attention observe l'univers intérieur. Le méditant qui développe l'Attention n'est pas concerné par l'univers extérieur. Il est là, mais dans la méditation son terrain d'étude est sa propre expérience, ses pensées, ses sensations, ses émotions, ses perceptions. Dans la méditation, nous sommes notre propre laboratoire. L'univers intérieur possède un fond énorme d'informations concernant la réflexion du monde extérieur et beaucoup plus. L'examen de ces éléments conduit à la libération totale.

*L'Attention est observation « participative ».* Le méditant est à la fois, et dans le même temps, participant et observateur. Alors qu'il observe ses propres émotions ou ses propres sensations physiques, il les ressent. L'Attention n'est pas une conscience intellectuelle mais simplement de la conscience. La métaphore de la pensée-miroir se termine ici. L'Attention est objective, mais elle n'est ni froide ni insensible. C'est l'expérience éveillée de la vie, une vigilante participation au processus actif de la vie.

L'Attention est un phénomène extrêmement difficile à définir en mots – non qu'il soit complexe, mais au contraire parce qu'il est trop simple et trop ouvert. Le même problème apparaît dans tous les domaines de l'expérience humaine. Le plus fondamental est toujours le plus difficile à définir. En physique, par exemple, les fonctions que l'on a le plus de mal à décrire sont les fonctions de base – celles qui traitent des réalités de la mécanique des quanta. L'Attention est une fonction présymbolique. Vous pouvez jouer toute la journée avec des symboles et vous n'arriverez jamais à la cerner complètement. Nous ne pourrons jamais exprimer complètement ce qu'elle est. Mais nous pouvons dire à quoi elle sert.

## Trois activités fondamentales

Il y a trois activités fondamentales de l'Attention, qui peuvent être utilisées comme des définitions fonctionnelles du terme.

*1. L'Attention nous rappelle ce que nous devons faire.*

*2. L'Attention voit les choses telles qu'elles sont réellement.*

*3. L'Attention voit la nature profonde de tous les phénomènes.*

Examinons ces définitions en détail.

### *1. L'Attention nous rappelle ce que nous devons faire.*

Dans la méditation, vous portez votre attention sur un objet. Lorsque votre mental s'égare de ce point de focalisation, c'est l'Attention qui vous rappelle qu'il est en train de s'égarer et ce que vous devez faire. C'est l'Attention qui le ramène sur l'objet de méditation. Tout cela instantanément et sans dialogue intérieur. L'Attention n'est pas penser. La pratique répétée établit cette fonction sous forme d'une habitude mentale qui se poursuit dans toute votre vie. Un méditant sérieux accorde continuellement une attention pure à ce qui se passe à l'intérieur de lui, du matin au soir, qu'il soit assis en méditation ou non. Il s'agit là d'un idéal élevé pouvant demander, pour être atteint, plusieurs années de travail, ou même plusieurs dizaines d'années. L'habitude de rester englué dans nos pensées est si ancienne qu'elle résistera avec la plus grande ténacité. La seule manière d'en sortir est d'être tout aussi tenace dans la pratique constante de l'Attention. Quand elle est présente, vous remarquerez que vous êtes pris dans vos schémas de pensée. Et le fait même de le remarquer vous permet de prendre du recul par rapport aux chaînes de pensées et de vous en libérer. L'Attention tourne alors votre attention sur son juste objet. Si vous êtes en période de méditation formelle, la concentration revient sur l'objet de méditation, sinon il s'agit d'une simple application de l'attention pure, c'est-à-dire le fait de remarquer simplement ce qui apparaît sans s'en mêler : « Ah, ceci apparaît… et maintenant ceci, et maintenant ceci… et maintenant… »

L'Attention est à la fois et en même temps l'attention pure elle-même et la fonction qui nous rappelle de l'utiliser, si nous avons cessé de le faire. Attention pure égale observer. Elle se rétablit par le fait de se rendre compte de son absence. Aussitôt que vous remarquez que vous n'avez pas remarqué, par définition vous êtes en train de remarquer et vous avez donc recommencé à l'utiliser.

L'Attention crée dans la conscience sa propre sensation. Elle possède une saveur – légère, claire, énergique. La pensée consciente par comparaison est lourde, pesante. Mais, une fois encore, il ne s'agit ici que de mots. Votre propre pratique vous montrera la différence. Vous utiliserez alors probablement vos propres termes, et ceux que nous utilisons en ce moment deviendront superflus. Souvenez-vous que la pratique est la seule chose qui compte.

*2. L'Attention voit les choses telles qu'elles sont réellement.*

Elle n'ajoute rien à la perception et n'en soustrait rien. Elle ne déforme rien. C'est de l'attention pure et elle regarde simplement tout ce qui apparaît. La pensée consciente recouvre notre expérience, nous charge de concepts et d'idées, nous immerge dans un vortex bouillonnant de plans et d'inquiétudes, de peurs et d'imaginations. Quand l'Attention est là, vous ne jouez pas à ce jeu. Vous remarquez simplement avec exactitude ce qui apparaît dans l'esprit, puis vous remarquez ce qui vient après : « Ah, ceci… ceci… et maintenant ceci. » C'est vraiment très simple.

*3. L'Attention voit la nature profonde de tous les phénomènes.*

L'Attention, et elle seule, peut percevoir les trois caractéristiques primordiales que le bouddhisme enseigne comme étant les vérités les plus profondes de l'existence. En pali, elles sont dénommées Anicca (impermanence), Dukkha (insatisfaction) et Anatta (absence d'entité permanente, non changeante, que nous appelons moi ou soi). Ces vérités ne sont pas présentées, dans l'enseignement bouddhiste, sous forme de vérités dogmatiques auxquelles il y a lieu de croire aveuglément. Les bouddhistes considèrent qu'elles sont universelles et évidentes en elles-mêmes, pour toute personne qui prend la peine de conduire sa recherche de la bonne manière. L'Attention constitue la méthode d'investigation. Seule, elle possède le pouvoir de révéler le niveau le plus profond de la réalité pouvant être perçu par l'observation humaine. À ce niveau d'examen, on voit ce qui suit : a) toutes les choses conditionnées sont de manière inhérente transitoires ; b) toute chose faisant partie du monde est, en fin de compte, insatisfaisante ; c) il n'existe en réalité aucune entité permanente. Il ne s'agit que de processus.

L'Attention fonctionne comme un microscope à électrons, c'est-à-dire qu'elle opère à un niveau si profond qu'il est véritablement possible de voir directement ces réalités qui sont, au mieux, des constructions théoriques et hypothétiques pour la pensée consciente. L'Attention voit réellement le caractère impermanent de chaque perception. Elle voit la nature transitoire et changeante de tout ce qui est perçu. Elle voit la nature intrinsèquement insatisfaisante de toutes les choses conditionnées. Elle voit qu'il n'y a aucun sens à s'attacher à l'une quelconque de ces représentations éphémères. La paix et le bonheur ne peuvent être trouvés de cette façon. Et finalement, l'Attention voit l'absence de soi inhérente à tout phénomène. Elle voit la façon dont nous avons arbitrairement sélectionné un certain ensemble de perceptions, comment nous les avons isolées du reste du flux puissant de l'expérience et conceptualisées sous forme d'entités séparées et durables. L'Attention voit véritablement ces choses. Elle n'y pense pas, elle les *voit* directement.

Lorsqu'elle est pleinement développée, l'Attention voit ces trois attributs de l'existence directement, instantanément, et sans intervention sur le plan de la pensée consciente. En fait, même les attributs que nous venons de traiter sont intrinsèquement arbitraires. Ils n'existent pas réellement en tant qu'éléments séparés. Ils sont purement le résultat de notre effort pour traduire ce processus fondamentalement simple appelé Attention, et pour l'exprimer dans le langage symbolique, pesant et par nature inadéquat du niveau conscient. L'Attention est un *processus*, mais elle ne se déroule pas par étapes. Elle est holistique et se produit de manière unitaire. Vous remarquez votre propre manque d'Attention et ce fait est en lui-même un effet de l'Attention – et cette Attention est de l'attention pure – ; et l'attention pure consiste à remarquer les choses purement comme elles sont, sans distorsion – et la manière dont elles sont est *anicca, dukkha* et *anatta* (impermanentes, insatisfaisantes et sans soi). Le tout se produit en quelques instants mentaux. Cependant, cela ne signifie pas que vous parviendrez instantanément à la Libération (liberté vis-à-vis de toutes les faiblesses humaines) à la suite de votre premier moment d'Attention. Apprendre à intégrer ces éléments dans votre vie consciente est un autre processus complet. Et apprendre à prolonger cet état d'Attention en est encore un autre. Mais il s'agit de choses heureuses et qui valent bien les efforts qu'elles requièrent.

## Attention (Sati) et Vision Intérieure (Vipassana)

L'Attention est le centre de la méditation Vipassana et la clef de tout le processus. C'est à la fois le but de cette méditation et le moyen pour l'atteindre. Vous arrivez à l'Attention en étant toujours plus Attentif. Un autre mot pali traduit par « Attention » est *Appamada*, qui veut dire « non-négligence » ou « absence de folie ». Celui qui constamment observe ce qui est réellement en train de se passer dans son mental devient sain d'esprit au plus haut degré.

Le mot pali *Sati* comporte également la connotation de « se souvenir ». Il ne s'agit pas de mémoire au sens d'idées ou d'images du passé, mais plutôt d'une connaissance claire, directe, non verbale de ce qui est et de ce qui n'est pas, de ce qui est correct et de qui ne l'est pas, de ce que nous sommes en train de faire et de la manière de nous y prendre. L'Attention rappelle au méditant d'appliquer son attention au bon objet, au bon moment et d'exercer le niveau d'énergie nécessaire pour ce faire, de manière précise. Quand celui-ci est appliqué correctement, le méditant demeure constamment dans un état de calme et de vigilance. Aussi longtemps que cette condition est maintenue, les états mentaux appelés « empêchements » ou « irritants psychiques » ne peuvent pas apparaître – il n'y a ni avidité, ni aversion, ni désir, ni paresse. Mais nous sommes tous humains et nous nous égarons. Certains d'entre nous sont très humains et s'égarent de manière répétée. Malgré un effort honnête, le méditant laisse son Attention s'échapper de temps à autre et il se retrouve pris dans une regrettable, mais normale, faiblesse humaine. Mais l'Attention remarque ce changement. C'est elle encore qui lui fait se rappeler d'effectuer l'effort nécessaire pour en sortir. Ces dérapages se produisent de manière répétée, encore et encore, mais leur fréquence décroît avec la pratique. Une fois que l'Attention a repoussé ces impuretés mentales, des états plus sains peuvent prendre leur place. L'aversion cède la place à la bienveillance, le désir des sens est remplacé par le détachement. C'est encore l'Attention qui remarque ces changements et qui rappelle au méditant Vipassana de maintenir le degré d'acuité mentale supplémentaire nécessaire pour conserver ces états supérieurs.

L'Attention rend possible la croissance de la sagesse et de la compassion. En son absence, elles ne peuvent parvenir à maturité. Profondément enfoui dans le mental existe un mécanisme qui accepte ce que le mental trouve beau et agréable et rejette ce qu'il trouve laid et désagréable. Ce mécanisme donne naissance aux états que nous nous entraînons à éviter – convoitise, désir sexuel, haine, aversion et jalousie. Nous choisissons de les éviter, non parce qu'ils sont « le mal » au sens ordinaire du terme, mais parce qu'ils sont compulsifs, parce qu'ils s'emparent du mental et capturent complètement l'attention, car ils « tournent en rond » en des cercles de pensée étroits et nous ferment à la réalité vivante.

Ces empêchements ne peuvent apparaître lorsque l'Attention est présente. Elle est attention à la réalité dans le présent, et directement antinomique de l'état mental confus qui les caractérise. En tant que méditant, c'est seulement lorsque nous laissons l'Attention s'échapper que les mécanismes profonds du mental prennent le contrôle – convoitant, s'attachant et repoussant. Alors, la résistance émerge et obscurcit la conscience pure. Nous ne nous rendons pas compte que le changement est en train de se produire, car nous sommes trop occupés par une pensée de vengeance, de convoitise ou autre. Mais, alors qu'une personne non entraînée demeure indéfiniment dans cet état, un méditant confirmé prend bientôt conscience de ce qui se passe. C'est l'Attention qui remarque le changement, qui se souvient de la pratique effectuée et qui focalise notre attention pour que la confusion se dissipe. Et c'est l'Attention qui cherche à se maintenir indéfiniment, de sorte que la résistance ne puisse plus apparaître. Ainsi est-elle l'antidote spécifique des empêchements, à la fois la mesure préventive et le remède.

Pleinement développée, l'Attention est un état de non-attachement intégral, d'absence totale de dépendance vis-à-vis de toute chose au monde. Si nous pouvons la maintenir, aucun autre moyen ou outil n'est nécessaire pour demeurer libre des obstructions et pour atteindre la libération des faiblesses humaines. Conscience non superficielle, elle voit les choses en profondeur, loin en deçà du niveau des concepts et des opinions. Elle mène à une totale certitude, à une complète absence de confusion. Elle devient sans failles, ne faiblit jamais et ne se détourne jamais.

Cette pure conscience immaculée, investigatrice, non seulement tient les empêchements mentaux à l'écart, mais elle met à nu leurs mécanismes mêmes et les détruit. L'Attention neutralise les souillures du mental. Il devient sans tache et invulnérable, complètement non affecté par les hauts et les bas de l'existence.

# Attention et concentration

Vipassana correspond à un acte d'équilibre mental. Vous allez développer deux qualités distinctes : l'Attention et la concentration. Idéalement, les deux marchent ensemble et font équipe. Elles fonctionnent en tandem, pourrait-on dire. Il est donc important de les cultiver côte à côte et de façon équilibrée. Si l'un des deux facteurs est renforcé au détriment de l'autre, l'équilibre est rompu et la méditation impossible.

Concentration et Attention sont des fonctions clairement différentes. Chacune a son rôle à jouer et leur rapport est précis et délicat. Souvent, la concentration est appelée « fixation du mental sur un objet unique ». Elle consiste à forcer le mental à demeurer sur un point fixe. Veuillez noter le mot *forcer*. Il s'agit bien de quelque chose de forcé. C'est par la force qu'elle est développée, par le pur pouvoir de la volonté. Une fois développée, elle conserve quelque chose de ce caractère forcé. En revanche, l'Attention est une fonction délicate qui conduit à des sensibilités raffinées. Toutes deux sont associées dans la tâche de la méditation. L'Attention est la fonction sensible qui remarque les choses. La concentration fournit la force. Elle conserve l'attention sur l'objet unique. Idéalement, l'Attention sélectionne le sujet de l'attention et remarque lorsqu'elle s'échappe. La concentration effectue le travail concret pour stabiliser l'attention sur l'objet choisi. Si l'une des deux est faible, la méditation se défait.

La concentration véritable, faculté du mental de se focaliser sur un seul objet à la fois et sans interruption, est saine, c'est-à-dire libre de convoitise, d'aversion ou d'illusion. Une saisie malsaine d'un objet unique est naturellement possible, mais elle ne mène pas à la libération. Vous pouvez, par exemple, être très concentré sur un seul objet en état de lubricité. Cela ne vous mène nulle part. Une concentration ininterrompue sur quelque chose que vous haïssez n'aide en rien. Généralement, ce type de concentration est de courte durée quand bien même elle serait atteinte – tout spécialement dans le cas où elle serait utilisée pour faire du mal aux autres. La concentration véritable est libre de telles souillures. C'est un état où le mental est rassemblé, ce qui lui fait gagner en pouvoir et en intensité. L'analogie avec une loupe peut être utile. Lorsque les rayons parallèles du soleil tombent sur une feuille de papier, ils ne feront rien de plus qu'élever sa température. Mais si la même quantité de lumière, concentrée au moyen d'une loupe, tombe en un seul point de la feuille de papier, celle-ci s'enflamme. La concentration joue le rôle de la loupe. Elle produit l'intensité nécessaire pour voir dans les couches profondes du mental. L'Attention choisit l'objet sur lequel la loupe va se focaliser et regarde à travers elle pour étudier ce dont il s'agit.

La concentration est à considérer comme un outil. Comme tout outil, elle peut être utilisée pour le bien ou pour le mal. Un couteau aiguisé peut servir à sculpter de superbes figurines ou à blesser quelqu'un. Tout dépend de celui qui l'utilise. Il en est de même pour la concentration. Correctement employée, elle servira sur le chemin de la Libération. Mais elle peut aussi être mise au service de l'ego. Elle peut opérer dans le contexte du succès et de la rivalité, pour dominer les autres et servir l'égoïsme. Seule, elle ne donne pas une vraie perspective de soi. Elle ne jette pas la lumière sur le problème fondamental de l'égoïsme et sur la nature de la souffrance. Bien qu'elle puisse être utilisée pour creuser profondément dans les états psychologiques, elle ne permet pas de comprendre les forces de l'égoïsme. Seule l'Attention peut le faire. Si elle n'est pas là pour regarder à travers la loupe, pour voir ce qui a été découvert, alors tout est inutile. Seule l'Attention comprend. Seule elle mène à la sagesse. Quant à la concentration, elle possède d'autres limitations.

Certaines conditions spécifiques sont nécessaires pour qu'une concentration réellement profonde puisse se développer. Les bouddhistes se donnent beaucoup de mal pour construire des monastères. Leur utilité principale est d'offrir un environnement physique libre de distractions afin qu'il soit possible de cultiver cette capacité. Pas de bruit, pas d'interruptions. Tout aussi importante est la création d'un environnement sans distractions émotionnelles. Le développement de la concentration sera bloqué par la présence des cinq empêchements : avidité pour les plaisirs sensuels, haine, léthargie mentale, agitation et indécision. Nous les avons examinés en détail au chapitre « Traiter les distractions II », p. 172.

Un monastère constitue un environnement contrôlé où ces « bruits » émotionnels sont maintenus au minimum. Aucun membre de sexe opposé n'est admis à y vivre. Il y a donc beaucoup moins d'occasions pour que se manifeste le désir sexuel. Aucune possession n'étant autorisée, il n'y a pas de conflits sur la propriété des choses et beaucoup moins d'occasions pour que la convoitise et l'avidité se manifestent. Mais il faut aussi mentionner un autre obstacle à la concentration. Quand celle-ci est vraiment profonde, vous vous retrouvez absorbé dans son objet au point d'oublier tout le reste. Par exemple, votre corps, votre identité et tout ce qui vous entoure. Ici encore, le monastère est une institution très pratique. Il est bon de savoir qu'il y a quelqu'un pour prendre soin de vous, pour s'occuper de tous les aspects ordinaires de l'existence, tels que la nourriture et la sécurité physique. Sans une telle assurance, on hésite à approfondir sa concentration autant qu'on le pourrait.

L'Attention, en revanche, est libre de tous ces inconvénients. Elle ne dépend d'aucune circonstance particulière, physique ou autre. C'est un pur facteur d'observation. Elle est libre de remarquer quoi que ce soit qui apparaisse – le désir sexuel, la haine, le bruit. Elle n'est limitée par aucune condition. Jusqu'à un certain point, elle existe dans chaque moment, dans chaque circonstance. Elle n'a pas d'objet de focalisation fixe : elle observe le changement. Elle possède aussi un nombre illimité d'objets d'attention et remarque tout ce qui traverse le mental, sans s'occuper de classer les choses dans une catégorie ou une autre. Les distractions et les interruptions sont observées avec la même dose d'attention que l'objet formel de méditation. Dans un état de pure Attention, votre attention flotte simplement avec tous les changements qui se produisent dans le mental. « Changement, changement, changement… maintenant ceci, et ceci, et ceci… »

Vous ne pouvez pas développer l'Attention par la force. Le pouvoir de la volonté, mâchoires serrées, ne vous fera aucun bien. Pis, il empêchera la progression. L'Attention ne peut pas être cultivée par la lutte. Elle se développe par le lâcher-prise, en vous installant simplement dans l'instant et en vous autorisant à être confortable avec tout ce dont vous faites l'expérience. Cela ne veut pas dire qu'elle se produit toute seule. Loin de là. L'énergie est nécessaire. L'effort est nécessaire. Mais cet effort est différent de la force. L'Attention est développée, par un effort modéré, par l'effort sans effort. Le méditant la développe en se rappelant constamment avec gentillesse qu'il lui faut maintenir son attention à tout ce qui se produit dans l'instant présent. La persévérance et un toucher en douceur sont le secret. L'Attention est cultivée en prenant constamment du recul vers un état d'éveil attentif, doucement, doucement, doucement.

De plus l'Attention ne peut être utilisée d'une quelconque manière égoïste. C'est une vigilance non égoïste. Il n'y a pas de « moi » dans un état d'Attention pure. Par suite, il n'y a pas de « je » pour être égoïste. C'est au contraire l'Attention qui vous donne une perspective réelle sur vous-même. Elle vous permet d'effectuer le pas mental en arrière crucial, permettant de voir vos désirs et aversions, et de dire : « Ah, c'est ainsi que je suis vraiment. »

En état d'Attention, vous vous voyez exactement comme vous êtes. Vous voyez votre propre conduite égoïste. Vous voyez votre propre souffrance. Vous voyez de quelle façon vous créez cette souffrance. Vous voyez comment vous blessez les autres. Vous passez directement à travers l'écran des mensonges que vous vous racontez et voyez ce qui est vraiment présent. L'Attention conduit à la Sagesse.

L'Attention ne cherche pas à accomplir quelque chose. Elle regarde simplement. Par conséquent, désir et aversion n'entrent pas en compte. La rivalité et le combat pour la réussite n'ont aucune place. L'Attention ne poursuit aucun but. Elle voit juste ce qui est déjà là.

L'Attention est une fonction plus vaste que la concentration. C'est une faculté qui embrasse tout. La concentration fonctionne par exclusion : elle se fixe sur un objet et ignore le reste. L'Attention fonctionne par inclusion. Elle prend du recul par rapport au foyer d'attention et observe avec un champ large, remarquant avec rapidité tout éloignement pouvant se produire. Si vous avez fixé le mental sur une pierre, la concentration ne verra que la pierre. L'Attention prendra du recul par rapport à ce processus, sera consciente de la pierre, consciente de la concentration dirigée sur la pierre, consciente de l'intensité de la focalisation et instantanément consciente du changement d'objet de l'attention, si celle-ci vient à être distraite. C'est l'Attention qui remarquera que la distraction a eu lieu et qui dirigera de nouveau l'attention sur la pierre. Aussi l'Attention est-elle plus difficile à cultiver que la concentration, car son champ d'application est plus large. La concentration focalise l'esprit, un peu comme un rayon laser. Elle possède le pouvoir de se frayer un chemin profond dans le mental et d'illuminer ce qui s'y trouve. Mais elle ne comprend pas ce qu'elle perçoit. L'Attention possède la capacité d'examiner les mécanismes de l'égoïsme et de comprendre ce qu'elle voit. Elle peut pénétrer le mystère de la souffrance et le mécanisme de l'inconfort. Elle peut vous rendre libre.

Cependant, il y a une autre pierre d'achoppement. L'Attention ne réagit pas à ce qu'elle voit. Elle voit simplement et comprend. Elle est l'essence de la patience. Par conséquent, ce que vous voyez, quoi que ce soit, doit être accepté, reconnu et observé impartialement. Ce n'est pas facile, mais c'est absolument nécessaire. Nous sommes ignorants, égoïstes, avides et fanfarons. Nous convoitons et mentons. Ce sont des faits. L'Attention implique de voir ces faits et d'être patients avec nous-mêmes, de nous accepter comme nous sommes. Cela va à l'encontre de nos idées. Nous ne voulons pas accepter. Nous voulons nier les faits, ou les changer ou les justifier. Mais l'acceptation est l'essence de l'Attention. Si nous voulons grandir en Attention, nous devons accepter ce qu'elle trouve. Cela peut être de l'ennui, de l'irritation, de la peur, de la faiblesse, de la gaucherie, des défauts. Quoi que ce soit, c'est ainsi que nous sommes. C'est la réalité.

Si vous voulez progresser en Attention, l'acceptation patiente est la seule route. Il existe une seule façon de la faire croître : par sa pratique continue, simplement en essayant d'être Attentif, et cela veut dire patient. Le processus ne peut être forcé et il ne peut être accéléré. Il s'effectue à son propre rythme.

Concentration et Attention marchent la main dans la main. L'Attention dirige le pouvoir de la concentration. Cette dernière fournit l'énergie grâce à laquelle l'Attention peut pénétrer dans les couches les plus profondes du mental. Leur coopération produit perspicacité et compréhension. Il est nécessaire de les cultiver ensemble dans un rapport équilibré. Un peu plus d'importance est simplement donné à l'Attention, car elle est le centre de la méditation. Les niveaux de concentration les plus profonds ne sont pas véritablement nécessaires pour parvenir à la libération. Mais l'équilibre est essentiel. Une conscience trop large, sans calme pour l'équilibrer, aura pour résultat une hypersensibilité un peu semblable à ce que produit l'abus de L.S.D. Trop de concentration, sans une dose équivalente d'ouverture, produira le syndrome du « Bouddha de pierre » : le méditant devient si tranquille qu'il reste assis comme une pierre. Ces deux excès sont à éviter.

Les stades initiaux du développement mental sont particulièrement délicats. Une trop grande insistance sur l'Attention retardera à ce stade le développement de la concentration. Au début, l'une des premières choses qui frappe, comme nous l'avons déjà dit, est l'incroyable intensité de l'activité mentale, que la tradition théravadine surnomme « mental-singe », et dont la tradition tibétaine parle comme d'une « cascade de pensées ». Si, à ce moment, vous accroissez la fonction d'éveil, vous serez conscient de tellement de choses que la concentration sera impossible. Ne vous découragez pas. La solution est simple : au début, placez la plus grande partie de votre effort dans la fixation du mental sur un objet unique. Ramenez constamment l'attention qui vagabonde. Battez-vous autant qu'il le faut. Des instructions complètes sur la manière de faire se trouvent aux chapitres « Que faire de votre mental ? », p. 102, et « Structurer votre méditation », p. 117. Au bout de deux mois, vous aurez développé votre pouvoir de concentration. Mais n'allez pas si loin dans la concentration que vous en arriviez à un état d'hébétude.

Néanmoins, l'Attention demeure la plus importante des deux composantes. Elle doit être construite aussitôt que vous le pouvez confortablement. Elle procure la fondation requise pour le développement ultérieur de la concentration. Passé le stade initial, la plupart des erreurs dans le domaine de l'équilibre se corrigeront d'elles-mêmes avec le temps. La concentration juste grandira naturellement dans le sillage d'une Attention forte : plus vous développerez l'observation, plus vite vous remarquerez la distraction et plus vite vous vous en retirerez et reviendrez à l'objet formel de méditation. Plus votre pouvoir de concentration grandira, moins il y aura de chances pour que vous vous égariez dans une longue chaîne d'analyse concernant la distraction. Vous la noterez simplement et vous ramènerez votre attention là où elle doit se trouver.

Ainsi, les deux facteurs tendent à s'équilibrer et à poursuivre leur croissance respective de manière tout à fait naturelle. La seule règle, au départ, est de porter votre effort sur la concentration, jusqu'à ce que le phénomène du « mental-singe » se soit un peu calmé. Ensuite, accroissez l'Attention. Si vous vous retrouvez avec une trop forte agitation, revenez à la concentration. Globalement, c'est l'Attention qu'il faut privilégier. C'est elle qui guide votre développement, car elle possède la capacité d'être consciente d'elle-même. C'est elle qui vous donnera une perspective sur votre pratique et vous permettra de savoir comment vous progressez. Mais, ne vous en préoccupez pas trop. Il ne s'agit pas d'une course. Personne n'est en compétition avec vous et il n'y a pas de calendrier à respecter.

L'une des choses les plus difficiles à apprendre est que l'Attention n'est pas dépendante d'un état émotionnel ou mental quelconque. Nous possédons certaines images de la méditation : c'est une activité que des gens tranquilles font dans des endroits paisibles. Mais il ne s'agit que de conditions d'entraînement. Elles sont établies pour favoriser la concentration et pour apprendre l'art de l'Attention. Une fois que vous l'avez appris, vous pouvez vous passer des conditions restrictives de l'apprentissage – et, en fait, vous devez le faire. Vous n'avez pas besoin de marcher à la vitesse d'un escargot pour être Attentif. Vous pouvez l'être tout en effectuant des calculs intensifs ou au milieu d'une mêlée de rugby. Vous pouvez même l'être en plein milieu d'une magistrale colère. L'activité mentale ou physique n'est en aucune manière un obstacle pour l'Attention. Si vous trouvez que votre mental est très actif, alors observez simplement la nature et le degré de cette activité. Il s'agit tout bonnement d'un moment dans le déroulement du film intérieur.

# Méditer dans la vie quotidienne

Tous les instrumentistes font des gammes. Quand vous apprenez le piano, c'est une des premières choses à faire et vous n'arrêtez jamais de pratiquer. Même les meilleurs concertistes s'entraînent en faisant des gammes. Ils ne veulent pas laisser rouiller cette capacité fondamentale.

Tous les joueurs de football s'entraînent à marquer des buts. C'est une des premières choses à apprendre et ils ne s'arrêtent jamais de pratiquer. Ils marquent des buts à l'occasion de chaque entraînement. Il ne s'agit pas non plus d'en perdre la capacité.

La méditation assise est le terrain sur lequel le méditant s'entraîne pour développer ses propres capacités fondamentales. Le jeu auquel il joue est l'expérience de sa propre vie et l'instrument dont il joue est son propre appareil sensoriel. Même les méditants les plus confirmés continuent de pratiquer la méditation assise, car elle leur permet d'accorder et d'aiguiser les capacités mentales essentielles dont ils ont besoin pour leur jeu particulier. Mais la méditation assise n'est pas le jeu. Elle n'est que le terrain d'entraînement. Le jeu où les capacités acquises sont à utiliser est tout le reste de la vie. La méditation qui ne serait pas utilisée dans la vie de tous les jours demeurerait stérile et limitée.

Le but de Vipassana n'est rien de moins que la transformation radicale et permanente de notre entière expérience sensorielle et cognitive. Elle a pour but de révolutionner la totalité de notre expérience de la vie. Les périodes de pratique assise servent à inculquer de nouvelles habitudes mentales. Vous apprenez de nouvelles manières de recevoir et de comprendre les sensations. Vous développez de nouvelles méthodes pour traiter la pensée consciente et de nouvelles manières de faire face au flot incessant de vos propres émotions. Ces nouveaux comportements mentaux doivent être amenés à fonctionner dans votre vie active. Sans quoi la méditation demeure sèche et sans profit, une tranche théorique d'existence sans connexion avec le reste. Bien qu'une certaine dose de transfert se produise spontanément, c'est un processus lent et peu fiable. Vous risquez de vous retrouver avec le sentiment de n'arriver à rien et de tout abandonner par insatisfaction.

L'un des moments les plus mémorables dans votre carrière de méditant est celui où, pour la première fois, vous

vous rendez compte que vous êtes en train de méditer en plein milieu d'une activité parfaitement ordinaire. Vous êtes en train de conduire sur l'autoroute ou de faire le ménage et cela se met en route tout seul. Cet afflux spontané des facultés que vous avez cultivées si méticuleusement est une véritable joie. Il vous ouvre une petite fenêtre sur l'avenir. Il vous donne un avant-goût de ce que la pratique signifie vraiment. D'un coup, vous comprenez que ce changement de conscience pourrait réellement devenir un caractère permanent de votre expérience. Vous comprenez que vous pourriez vraiment vivre le reste de votre vie libéré de l'emprise débilitante de vos propres obsessions, sans être poursuivi par vos propres besoins et envies. C'est juste un avant-goût de ce que signifie se tenir en retrait et observer le flux des choses. C'est un instant magique.

Pourtant, cette vision a des chances de ne jamais se réaliser si vous ne cherchez pas activement à promouvoir le processus de transfert. Le moment le plus important dans la méditation est celui où vous quittez le coussin. Lorsque votre entraînement est terminé, vous pouvez vous lever et tout oublier ou bien conserver les facultés que vous cultivez dans le reste de vos activités.

Il est capital que vous compreniez que la méditation ne consiste pas en une posture spéciale ni en un ensemble d'exercices du mental. La méditation est la culture de l'Attention et la mise en service de cette Attention une fois qu'elle est cultivée. Vous n'avez pas besoin d'être assis pour méditer. Vous pouvez méditer en faisant la vaisselle. Vous pouvez méditer sous la douche, en faisant du patin à roulettes, en tapant à la machine. La méditation est conscience sans ego, et il s'agit d'appliquer cette conscience à toute activité et dans toutes les activités durant le cours de la vie. Ce n'est pas facile.

Si nous cultivons spécifiquement la conscience non duelle en posture assise, dans un endroit calme, c'est parce que c'est plus facile. Méditer en mouvement est plus difficile. Méditer au milieu d'une activité bruyante et rapide l'est encore plus. Et méditer au sein d'activités intensément égoïstes, telles que disputes ou transports passionnels, constitue le plus grand défi. Un débutant aura déjà fort à faire avec des situations moins tendues.

Et pourtant, le but ultime de la méditation est de cultiver concentration et Attention à un niveau tel qu'elles restent immuables, même au milieu des contraintes de la vie contemporaine. La vie offre de nombreux défis, et un méditant sérieux a rarement le temps de s'ennuyer.

Transférer votre méditation dans les événements de votre vie quotidienne n'est pas un processus simple. Essayez et vous verrez. L'intervalle entre la fin de votre séance de méditation et la « vie réelle » représente un grand pas. Trop grand pour la plupart d'entre nous. Nous voyons notre calme et notre concentration s'évaporer en quelques minutes, nous laissant apparemment pas plus avancés. Afin de faciliter ce passage, les bouddhistes au long des siècles ont développé une série d'exercices qui rendent la transition plus douce.

Ils prennent le grand pas et le divisent en plusieurs petits pas qui peuvent être pratiqués séparément.

## Méditer en marchant

Notre existence quotidienne est pleine de mouvements et d'activité. Rester assis sans bouger pendant des heures est l'opposé de la vie normale. Les états de clarté et de tranquillité que nous cultivons dans une totale absence de mouvement tendent à se dissoudre dès que nous bougeons. Nous avons donc besoin d'un exercice permettant d'effectuer la transition pour apprendre l'art de rester calmes et conscients au sein du mouvement. La méditation en marchant aide à établir cette transition entre le repos statique et la vie de tous les jours. Elle est souvent utilisée en alternance avec la méditation assise et particulièrement utile dans les cas où vous êtes extrêmement agité. Une heure de méditation en marchant vous fera souvent épuiser votre agitation tout en vous apportant une grande dose de clarté. Il est alors possible de passer à la méditation assise avec un meilleur profit.

La pratique bouddhique classique recommande d'effectuer de fréquentes retraites pour compléter le travail quotidien assis. Elles consistent en une période consacrée exclusivement à la méditation. Pour les laïcs, des durées d'un à deux jours sont habituelles. Les méditants confirmés, dans une situation monastique, peuvent passer un mois à ne rien faire d'autre, mais cela représente une astreinte importante pour l'esprit comme pour le corps. À moins d'avoir plusieurs années de pratique, il y a une limite quant à la durée pendant laquelle vous pouvez conserver la posture assise avec profit. Dix heures entières produiront, chez la plupart des débutants, un état de souffrance excédant de loin leurs capacités de concentration. Une retraite profitable sera donc conduite en y incorporant quelques changements de postures. Le schéma habituel consiste à alterner des périodes de méditation assise et en marchant d'une heure chacune, avec de courtes pauses entre les deux.

Pour pratiquer la méditation en marchant, vous avez besoin d'un espace permettant d'effectuer 5 à 10 pas en ligne droite. Vous allez faire des aller et retour très lentement et, aux yeux de la plupart des Occidentaux, vous aurez l'air un peu bizarre et coupé de la réalité. Ce n'est donc pas un exercice à effectuer en public, car il attirera une attention excessive. Choisissez un endroit isolé.

Les instructions sont simples. Commencez à une extrémité de l'endroit choisi. Restez d'abord debout immobile pendant une minute en étant attentif. Vous pouvez tenir vos bras dans n'importe quelle position confortable : devant, dans le dos, sur les côtés. Ensuite, en inspirant, levez le talon d'un des pieds. En expirant, laissez ce pied reposer simplement sur les orteils. Pendant l'inspiration suivante, levez ce pied et avancez-le, puis en expirant abaissez-le et posez-le au sol. Faites ensuite de même avec l'autre pied. Marchez ainsi très lentement jusqu'au bout de votre espace, et là, restez debout immobile et attentif pendant une minute. Tournez ensuite sur vous-même très lentement et restez de nouveau immobile pendant une minute avant de marcher en sens inverse de la même manière que précédemment. Continuez ainsi. Gardez la tête droite et relaxez le cou et les épaules. Gardez les yeux ouverts pour conserver l'équilibre, mais ne regardez rien en particulier. Marchez naturellement, aussi lentement que cela demeure confortable et ne portez aucune attention alentour. Observez les tensions qui se produisent dans le corps et relâchez-les aussitôt que vous les remarquez. Ne faites aucun effort particulier pour être gracieux. Ne cherchez pas à avoir un pas élégant. Il ne s'agit pas d'un exercice de culture physique ni d'une danse. Il s'agit d'une pratique de conscience. Votre objectif est d'arriver à un éveil total, à une sensibilité plus élevée et à une expérience complète du mouvement de la marche. Placez toute votre attention sur les sensations provenant des pieds et des jambes. Essayez d'enregistrer autant d'informations que possible sur chaque pied en mouvement. Plongez dans la pure sensation de la marche, et observez chaque nuance subtile du mouvement. Ressentez vos muscles, un par un, à mesure qu'ils bougent. Observez chaque modification des sensations tactiles à mesure que le pied se pose sur le sol et s'en détache ensuite. Remarquez comment ces mouvements apparemment continus sont en fait composés d'une succession de petites saccades. Essayez de n'en rien manquer. Afin de développer votre sensibilité, remarquez bien la décomposition du mouvement en plusieurs éléments distincts. Chaque pied passe par une élévation, un mouvement en avant, puis une descente. Chaque élément comporte un début, un milieu et une fin. Afin de vous accorder à cette série de mouvements, vous pouvez en prendre mentalement note explicitement.

Notez mentalement « lever, avancer, baisser, toucher, appuyer », etc. C'est un moyen pour vous entraîner à bien connaître la séquence des mouvements, pour être sûr de n'en manquer aucun. À mesure que vous deviendrez de plus en plus conscient de la multitude d'événements qui se produisent, vous n'aurez plus de temps pour les mots. Vous vous retrouverez immergé dans une conscience fluide, sans rupture, du mouvement. Vos pieds deviendront votre unique univers. Et si votre mental s'en échappe, notez la distraction de la manière habituelle, puis revenez à la marche. Ne regardez pas vos pieds et ne commencez pas à aller et venir en observant une image mentale de vos pieds et de vos jambes. Ne pensez pas, sentez simplement. Vous n'avez rien à faire du concept de pied ni d'images. Simplement, enregistrez les sensations qui se produisent. Au début, vous aurez peut-être quelques difficultés d'équilibre. Vous utilisez en effet les muscles des jambes d'une manière nouvelle et une période d'apprentissage est normale. Si vous constatez l'apparition de frustrations, notez-les simplement et laissez-les partir.

La marche Vipassana est destinée à immerger votre conscience dans des sensations simples et à le faire de manière si complète que tout le reste est repoussé à l'extérieur. Il n'y a là aucune place pour les pensées ni les émotions. Il n'y a pas de temps pour saisir puis figer les sensations en une série de concepts. Il n'y a aucunement besoin d'un sens de soi. Seul existe le flot des sensations tactiles et kinesthésiques, un flux sans fin et constamment changeant d'expériences pures. Ainsi, nous apprenons à nous échapper dans la réalité plutôt qu'à la fuir. Quelles que soient les intuitions qui nous viennent, elles sont applicables au reste de notre vie.

## Postures

Le but de la pratique est de devenir pleinement conscients de toutes les facettes de notre expérience en un flux ininterrompu, de moment en moment. Une grande part de ce que nous faisons et expérimentons est complètement inconscient, au sens où nous le faisons avec peu ou pas d'attention. Notre pensée est occupée par un tout autre sujet. La majeure partie de notre temps se passe en pilotage automatique, perdus que nous sommes dans le brouillard des rêveries éveillées et de nos préoccupations.

L'un des aspects de notre expérience le plus fréquemment ignoré est notre corps. Le cinéma en technicolor dans notre tête est tellement attirant que nous avons tendance à retirer toute notre attention des sens du toucher et du mouvement. Les nerfs transmettent pourtant les informations correspondantes à chaque seconde, mais nous les avons en grande partie bloquées hors de la conscience. Elles arrivent aux niveaux inférieurs du cerveau, mais ne vont pas plus loin. C'est pourquoi les bouddhistes ont développé un exercice permettant d'ouvrir les vannes et de laisser passer ces informations jusqu'à la conscience. C'est une autre façon de rendre conscient l'inconscient.

Au cours d'une journée, votre corps effectue toutes sortes de contorsions. Vous êtes assis, debout, allongé, en train de vous baisser, de marcher, de courir. Vous vous accroupissez, vous étirez… Les maîtres de méditation vous demandent instamment de devenir conscient de cette danse non-stop. Au long de la journée, consacrez quelques secondes toutes les quelques minutes pour sentir votre posture. Ne le faites pas sous forme d'un jugement. Il ne s'agit pas d'un exercice ayant pour but de corriger vos attitudes ou destiné à améliorer votre apparence. Balayez votre corps de haut en bas de votre attention et percevez la façon dont vous le tenez. Prenez-en note mentalement et en silence : « assis – debout – allongé – marchant ». Cela paraît ridiculement simple, mais ne méprisez pas cet exercice. Il est très puissant. Si vous le faites à fond, si vous inculquez profondément cette habitude au mental, elle peut révolutionner votre existence. Elle vous branche sur une dimension de sensations complètement nouvelles. Vous vous sentez comme un aveugle à qui on aurait rendu la vue.

## Mouvements lents

Toute action que vous effectuez est composée d'éléments différents. Lacer vos chaussures, par exemple, donne lieu à une série complexe de mouvements élémentaires. La plupart d'entre eux ne sont pas observés. Afin de développer l'habitude globale d'être Attentif, vous pouvez effectuer des activités simples à vitesse très lente – en faisant un effort pour porter attention à chaque détail de l'action.

Prenez l'exemple de boire une tasse de thé en étant assis à une table. Beaucoup de choses sont à observer. Remarquez votre posture assise. Sentez l'anse de la tasse entre vos doigts. Humez l'arôme du thé. Remarquez la position de la tasse, de votre bras, de la table. Observez l'apparition de l'intention de lever le bras, sentez la tasse contre vos lèvres et le liquide qui coule dans la bouche. Notez le goût du thé. Observez ensuite l'intention de baisser le bras. Tout ce processus est à la fois beau et fascinant, si vous l'observez complètement, en exerçant une attention détachée à chaque sensation ainsi qu'au flux de la pensée.

Ce même schéma peut être appliqué à beaucoup d'autres activités quotidiennes. En diminuant intentionnellement la vitesse de vos pensées, de vos paroles et de vos mouvements, vous les pénétrerez beaucoup plus profondément qu'il ne vous serait possible de le faire autrement. Au début, cette vitesse délibérément lente est difficile à conserver dans les activités ordinaires, mais la capacité s'en développe avec le temps. Si des réalisations profondes ont lieu pendant la méditation assise, des révélations encore plus profondes peuvent se produire lorsque nous examinons notre propre fonctionnement intérieur au sein de l'activité. C'est là que se trouve le laboratoire où nous commençons réellement à voir les mécanismes de nos propres émotions et les effets de nos passions. C'est là que nous pouvons vraiment mesurer la fiabilité de notre raisonnement, percevoir la différence entre nos véritables motivations et l'armure de faux-semblants que nous entretenons pour nous duper et duper les autres.

Une grande partie de ces découvertes est surprenante. Beaucoup sont dérangeantes, mais toutes sont utiles. L'attention pure apporte de l'ordre dans la confusion qui règne dans les détours cachés du mental. À mesure que vous développez une compréhension claire au sein des activités ordinaires de la vie, vous gagnez la capacité de demeurer rationnel et paisible, tout en faisant pénétrer la lumière de l'Attention dans les coins et recoins irrationnels du mental. Vous commencez à voir à quel point vous êtes responsable de votre propre souffrance mentale. Vous voyez que vos propres misères, peurs et tensions sont produites par vous-même. Vous voyez de quelle façon vous êtes la cause de votre propre souffrance, de vos propres faiblesses et limitations. Et, plus vous comprenez profondément ces processus mentaux, moins ils ont de prise sur vous.

## Coordination avec la respiration

Dans la méditation assise, votre principal centre d'attention est la respiration. Une totale concentration sur la respiration constamment changeante vous amène directement dans le moment présent. Le même principe peut être utilisé au sein du mouvement. Vous pouvez coordonner les activités auxquelles vous vous livrez avec votre respiration. Votre motion acquiert alors un rythme fluide et nombre des transitions abruptes sont adoucies. Il devient plus facile de vous concentrer sur vos activités et l'Attention est accrue. Votre conscience reste ainsi plus facilement dans le présent. Idéalement, la méditation devrait être une pratique occupant vingt-quatre heures sur vingt-quatre, ce qui constitue une suggestion éminemment concrète.

Un état d'Attention est un état de disponibilité. Le mental n'est pas encombré par des préoccupations ni entravé par des inquiétudes. Tout ce qui se présente peut être traité instantanément. Lorsque vous êtes vraiment Attentif, votre système nerveux possède une fraîcheur et une élasticité qui favorisent l'intuition. Un problème apparaît ? Vous vous en occupez rapidement, efficacement, avec un minimum d'embarras. Vous ne vous mettez pas dans tous vos états, vous ne vous réfugiez pas non plus dans un coin tranquille pour cogiter sur ce qu'il faut faire. Simplement, vous faites ce qu'il faut. Et, dans les rares cas où aucune solution ne paraît possible, vous ne vous tracassez pas. Vous passez simplement à la chose suivante qui requiert votre attention. Votre intuition devient une faculté très pratique.

## Moments perdus

Le concept de temps perdu n'existe pas pour un méditant sérieux. Tous les temps morts peuvent être mis à profit. Tout instant disponible peut être utilisé pour méditer. Vous attendez anxieusement votre tour chez le dentiste ? Méditez sur l'anxiété. Vous êtes plein d'irritation en faisant la queue à la banque ? Méditez sur l'irritation... plein d'ennui à vous tourner les pouces en attendant l'autobus ? Méditez sur l'ennui. Essayez de rester vigilant et conscient tout au long de la journée, d'être attentif à ce qui est en train de se passer en ce moment, même si c'est quelque chose d'extrêmement ennuyeux. Mettez à profit les instants où vous êtes seul. Profitez des activités qui sont en grande partie mécaniques. Utilisez chaque seconde pour être Attentif – tous les moments disponibles.

## Concentration sur toutes les activités

Il vous faut essayer de maintenir l'Attention sur toutes les activités et sur chaque perception au long de la journée, en commençant avec la première au réveil et en finissant avec la dernière en vous endormant. C'est un but extrêmement élevé. N'imaginez pas y parvenir rapidement. Prenez les choses doucement et faites croître votre capacité avec le temps. La manière la plus facile d'y parvenir consiste à diviser la journée en tranches. Consacrez une période à l'Attention sur la posture, ensuite élargissez cette Attention pour couvrir d'autres activités simples : manger, vous laver, vous habiller, etc. Mettez de côté une durée d'un quart d'heure environ pour exercer l'Attention aux états mentaux : agréables, désagréables, neutres par exemple, ou pour observer les empêchements, ou les pensées. Le programme précis vous appartient. L'idée est de vous entraîner à détecter les différents sujets et de préserver votre état d'Attention aussi complètement que possible.

Essayez d'aménager un programme quotidien dans lequel il y ait aussi peu de différence que possible entre votre méditation assise et le reste de la journée. Laissez la première se couler naturellement dans la seconde. Votre corps n'est pratiquement jamais en repos. Il y a toujours un mouvement à observer, ne serait-ce que celui de la respiration. Votre mental n'arrête pas de bavarder, sauf en de rares moments de concentration très profonde. Constamment, quelque chose apparaît qu'il est possible d'observer. Vous ne serez jamais en peine pour trouver un sujet digne d'attention.

La pratique doit s'effectuer au sein même de l'activité de tous les jours. C'est votre laboratoire. Il vous fournit les épreuves et les défis dont vous avez besoin pour que votre entraînement soit profond et authentique. C'est le feu qui purifie des mensonges et des erreurs, le test qui montre si vous progressez ou si vous vous racontez des histoires. Si votre méditation ne vous aide pas à faire face aux conflits et aux luttes de chaque jour, c'est qu'elle reste superficielle. Si vos réactions émotionnelles quotidiennes ne deviennent pas plus claires et s'il n'est pas plus facile d'y faire face, c'est que vous perdez votre temps. Et vous ne le saurez jamais tant que vous ne ferez pas ce test réellement.

La pratique de l'Attention est constante. Vous ne vous y adonnez pas de temps en temps pour l'abandonner à d'autres moments. Vous vous y consacrez en permanence. Une méditation qui réussit seulement lorsque vous êtes isolé dans une tour d'ivoire est encore sous-développée. La méditation de la vision intérieure est la pratique de l'Attention d'instant en instant. Le méditant apprend à porter une attention pure à la naissance, au développement et à la disparition de tous les phénomènes mentaux. Il ne se détourne d'aucun. Il n'en laisse aucun lui échapper. Pensées et émotions, activités et désirs, tout y passe. Il observe le tout et il le fait continuellement. Que ce soit beau ou laid, agréable ou désagréable, méritoire ou honteux, n'est pas la question. Il voit comment sont les choses et il observe comment elles changent. Aucun aspect de l'expérience n'est exclu ou évité. Tout est compris.

Si dans le cours de la journée vous vous retrouvez plein d'ennui, méditez sur l'ennui. Observez ce que vous ressentez, comment il fonctionne, de quoi il est constitué. Si vous êtes en colère, méditez sur la colère. Explorez-en les mécanismes. Ne la fuyez pas. Si vous vous retrouvez aux prises avec une vraie dépression, méditez sur la dépression. Faites-en l'investigation de manière détachée et pénétrante. Ne la fuyez pas aveuglément. Explorez le labyrinthe, dressez la carte des détours. De cette façon, vous serez d'autant plus capable d'y faire face la prochaine fois.

Il est dit que l'Illumination peut se produire à n'importe quel moment, si le mental est conservé dans un état de préparation méditative. La plus petite, la plus ordinaire des perceptions peut en être le stimulant : un regard au clair de lune, le chant d'un oiseau, le bruissement du vent dans les arbres. Ce n'est pas tant ce qui est perçu qui est important, mais la manière dont la perception est accueillie. Un état de disponibilité et d'ouverture est essentiel. Cela pourrait vous arriver en ce moment même si vous étiez prêt. La sensation tactile des pages de ce livre entre vos doigts pourrait en être le détonateur. Le son de ces mots dans votre tête pourrait suffire. Vous pourriez atteindre l'Illumination à cet instant même, si vous étiez prêt.

# Que pouvez-vous attendre de votre méditation ?

Vous pouvez espérer certains bienfaits de votre méditation. Les premiers sont d'ordre pratique, des choses ordinaires, les derniers profondément transcendants. Ils vont du plus simple au plus sublime. Nous allons en énumérer quelques-uns. Votre propre entraînement vous les fera connaître directement. Votre propre expérience est l'essentiel.

Les empêchements, que nous appelons aussi souillures, sont plus que de simples habitudes mentales. Ils constituent les manifestations primordiales du mécanisme de l'ego. Le sens de l'ego est essentiellement un sentiment de séparation – la perception d'une distance entre ce que nous appelons « moi » et ce que nous appelons « autre ». Cette perception n'est maintenue que si elle est constamment exercée et les empêchements constituent cet exercice.

L'avidité et le désir sont des essais pour « profiter de tout cela », la haine et l'aversion des efforts pour mettre une plus grande distance entre « tout cela et moi ». Toutes les souillures proviennent de la perception d'une barrière entre moi et le reste, et toutes renforcent cette perception chaque fois qu'elles s'exercent. L'Attention perçoit les choses profondément et avec une grande clarté. Elle amène votre attention à la racine même des souillures et met leur mécanisme à nu. Elle voit leurs effets. Elle ne peut être trompée. Une fois que vous avez clairement vu ce qu'est la convoitise, ce qu'elle vous fait, ainsi qu'aux autres, vous cessez tout simplement de vous y engager. Lorsqu'un enfant se brûle les doigts à un poêle brûlant, vous n'avez pas besoin de lui dire de les retirer, il le fait instinctivement. Il existe dans le système nerveux un mécanisme réflexe dont le fonctionnement est plus rapide que celui de la pensée. Quand l'enfant perçoit la sensation de chaleur et commence à pleurer, la main a déjà été enlevée de la source de la douleur. L'Attention fonctionne en grande partie de la même manière : elle est silencieuse, spontanée et totalement efficace. Une Attention claire empêche le développement des empêchements. Une Attention constante les éteint. Ainsi, à mesure qu'elle se développe, les murs mêmes de l'ego sont détruits, les désirs diminuent, la défensive et la rigidité décroissent. Vous devenez plus ouvert, plus tolérant, plus souple. Vous apprenez à partager votre bienveillance.

Par tradition, les bouddhistes se retiennent de parler de la nature ultime des êtres humains. Ceux qui acceptent de s'exprimer disent habituellement que notre essence ultime, ou nature de Bouddha, est pure, sainte et bonne, de manière inhérente. La seule raison qui fasse que nous paraissions ne pas être ainsi est que notre expérience de cette nature ultime est entravée, bloquée comme de l'eau derrière une digue. Les empêchements constituent les briques de cette digue. À mesure que l'Attention les dissout, des trous sont percés dans la digue. La compassion et une joie pleine de sympathie s'expriment librement. À mesure que l'Attention se développe, votre expérience entière se transforme. Votre sentiment d'être vivant, la sensation d'être conscient devient lucide et précise, et non un simple arrière-plan à peine perçu derrière vos préoccupations. C'est un fait constamment clair.

Chaque moment qui passe se détache. Les instants ne se dissolvent plus en un flou mal perçu. Rien n'est négligé ni sans considération. Aucune expérience n'est cataloguée « juste ordinaire ». Tout est lumineux et spécial. Vous arrêtez de ranger vos expériences dans les compartiments du mental, de leur mettre une étiquette. Les descriptions, les interprétations sont abandonnées. Vous accordez à chaque instant la possibilité d'exister à part entière. Et vous écoutez attentivement ce qu'il a à dire, comme si vous l'entendiez pour la toute première fois. Lorsque votre méditation devient vraiment puissante, elle devient également constante. Vous observez avec l'attention pure à la fois la respiration et chaque phénomène mental. Vous vous sentez de plus en plus stable, de plus en plus ancré dans l'expérience nue et simple d'une existence qui s'écoule de moment en moment.

Une fois votre mental libéré des pensées, il devient clairement éveillé et au repos dans une conscience totalement simple. Cet éveil ne peut être décrit de manière adéquate. Les mots n'y suffisent pas. Il peut uniquement être vécu. La respiration cesse d'être seulement la respiration. Elle n'est plus limitée au concept statique et familier que vous en aviez. Vous ne la voyez plus sous forme d'une simple succession d'inspirations et d'expirations. Il ne s'agit plus d'une expérience insignifiante et monotone. Elle devient un phénomène vivant, changeant, fascinant. Elle n'est plus perçue comme un phénomène se produisant dans le temps. Elle est perçue comme étant l'instant présent lui-même. Le temps apparaît comme un concept, non comme une réalité expérimentale.

Il s'agit d'une présence éveillée, simplifiée, élémentaire, débarrassée de tout l'accessoire, ancrée dans le flux vivant du présent et marquée par un sentiment prononcé de réalité. De manière absolue, vous savez que c'est réel, plus réel que tout ce que vous aviez jamais connu. Une fois cette perception établie avec une absolue certitude, vous disposez d'un nouvel étalon, d'un critère pour jauger toute votre expérience. Vous voyez clairement les moments où vous participez aux phénomènes purs et ceux où vous les perturbez par des attitudes mentales. Vous vous observez en train de déformer la réalité par des commentaires, des images périmées, des opinions personnelles. Et vous savez ce que vous faites pendant que vous le faites. Vous devenez de plus en plus sensible à la manière dont vous manquez la véritable réalité et vous gravitez vers une perspective purement objective, n'ajoutant ni ne soustrayant rien à ce qui est. Vous devenez très perspicace. De ce point privilégié, tout est vu avec clarté. Les innombrables activités du corps et du mental ressortent avec une lumineuse précision. Vous êtes attentif aux incessants mouvements d'apparition et d'extinction de la respiration, au flux sans fin des sensations corporelles et des mouvements. Vous scrutez la succession rapide des pensées et des émotions et vous êtes sensible au rythme qui fait écho à la marche régulière du temps. Et au milieu de cet incessant mouvement, il n'existe aucun observateur, seulement l'observation.

Dans cet état de perception, rien ne demeure semblable pendant deux moments consécutifs. Tout est en constante transformation. Toutes choses naissent, vieillissent et meurent. Il n'y a aucune exception. Vous vous éveillez aux incessants changements de votre propre vie. Vous regardez autour de vous et voyez tout dans un état de flux, tout, absolument tout. Tout apparaît et disparaît, s'intensifie puis décroît, vient à l'existence puis disparaît. Toute la vie, chaque partie de celle-ci, depuis l'infinitésimal jusqu'à l'océan, est constamment en mouvement. Vous percevez l'univers sous forme d'une grande rivière d'expériences en train de s'écouler. Vos possessions les plus chères sont en voie de disparition tout comme votre propre vie. Et pourtant, cette impermanence n'est pas un motif de chagrin.

Vous restez là, pétrifié, ouvrant de grands yeux devant cette incessante activité et votre réponse est une merveilleuse joie. Tout est en mouvement, tout danse, tout déborde de vie.

À mesure que vous observez ces changements et voyez comment tout s'accorde, vous devenez conscient de la relation intime entre tous les phénomènes mentaux, sensoriels et affectifs. Vous observez une pensée en amenant une autre, vous voyez la destruction donnant naissance aux réactions émotionnelles et les sensations faisant apparaître de nouvelles pensées. Actions, pensées, sensations, désirs – vous les voyez tous, intimement liés en un fin tissu de causes et d'effets. Vous observez l'apparition des expériences plaisantes et leur disparition et vous voyez qu'elles ne durent jamais. Vous observez la douleur qui fait irruption sans y être invitée et votre combat plein d'anxiété pour la rejeter, et vous vous voyez échouer. Et tout se produit et se reproduit, encore et encore, pendant que vous restez tranquillement en retrait à tout observer.

Issue de ce vivant laboratoire s'élève une conclusion intérieure irréfutable. Vous voyez que votre vie est marquée par le désappointement et la frustration, et leur source est claire. Ces réactions proviennent de votre propre incapacité à obtenir ce que vous voulez, de votre peur de perdre ce que vous avez acquis, de votre habitude de n'être jamais satisfait de ce qui est vôtre. Et maintenant, il ne s'agit plus de théories – vous voyez par vous-même et vous vous rendez compte que c'est la réalité. Vous percevez votre propre peur, votre propre insécurité fondamentale en face de la vie et de la mort. C'est une profonde tension qui descend jusqu'à la racine de la pensée et fait de la vie entière un combat. Vous vous observez en train de tâtonner, recherchant fiévreusement un sol fiable et solide. Vous vous voyez sans cesse à la poursuite de quelque chose, quoi que ce soit, auquel vous puissiez vous agripper au milieu des sables mouvants, et vous voyez que c'est impossible, car il n'y a rien qui ne soit changeant.

Vous voyez la douleur qui naît de la perte et le chagrin. Vous vous observez en train de vous adapter sans cesse par obligation, jour après jour, à de pénibles changements dans votre existence ordinaire. Vous êtes témoin des tensions et des conflits inhérents au processus même de l'existence et vous voyez à quel point la plupart de vos préoccupations demeurent superficielles. Vous observez les progrès de la douleur, de la maladie, de la vieillesse et de la mort. Vous apprenez à vous émerveiller que toutes ces choses horribles ne soient pas effrayantes du tout. Elles sont seulement la réalité.

À travers cette étude intensive des aspects négatifs de votre existence, vous acquérez une profonde connaissance de dukkha, la nature insatisfaisante de l'existence. Vous commencez à percevoir dukkha à tous les niveaux de la vie humaine, depuis les plus évidents jusqu'aux plus cachés. Vous voyez de quelle manière la souffrance suit inévitablement dans le sillage de l'attachement, comment aussitôt que vous vous emparez de quoi que ce soit, elle survient immanquablement. Une fois pleinement instruit de la dynamique du désir, vous y êtes sensibilisé. Vous voyez où et quand il apparaît, et comment il vous affecte. Vous le voyez à l'œuvre, encore et encore, se manifestant par tous les canaux sensoriels, prenant contrôle du mental et faisant de la conscience son esclave.

Au milieu de chaque expérience plaisante, vous observez l'action de votre propre avidité et de votre attachement. Au milieu des expériences déplaisantes, vous observez une très puissante résistance s'emparer de vous. Vous n'obstruez pas ces phénomènes, vous les observez simplement, vous les voyez comme étant la matière même de la pensée humaine. Vous recherchez cette chose que vous appelez « moi », mais ce que vous trouvez est un corps physique et la façon dont vous êtes identifié à ce sac de chair et d'os. Vous allez plus loin et vous trouvez toutes sortes de phénomènes mentaux – émotions, schémas de pensées, opinions... Vous voyez comment vous vous identifiez à chacun d'eux. Vous vous observez en train d'être possessif, protecteur, sur la défensive à propos de toutes ces choses pitoyables et vous voyez à quel point c'est une folie. Cherchant constamment après vous-même, vous poursuivez intensément votre investigation de tous ces éléments – matière physique, sensations corporelles, émotions, pensées – qui continuent leur danse incessante pendant que vous les pénétrez, en examinez chaque coin et recoin.

Vous ne trouvez rien. Dans cette collection de phénomènes mentaux, dans ce flux sans fin d'expériences changeantes, vous ne découvrez rien d'autre que d'innombrables processus impersonnels, causés ou conditionnés par des processus antérieurs. Il n'y a pas de « soi » statique à trouver, ce ne sont que des processus. Vous trouvez des pensées mais pas de penseur, des émotions et des désirs, mais personne pour les avoir. La maison est vide. Personne de l'occupe.

À ce point, votre sens de vous-même se modifie. Vous commencez à vous regarder comme une photographie sur une page de journal. Si vous la regardez à la façon habituelle, vous voyez une image bien définie. Mais si vous prenez une loupe, elle devient une multitude de points formant une configuration complexe. De même, sous l'œil intensément pénétrant de l'Attention, le sens d'un « soi », d'un « je » ou d'« être » perd de sa solidité et se dissout. Il arrive un moment où, dans la méditation de la vision intérieure, les trois caractéristiques de l'existence – impermanence, souffrance et absence de soi – font irruption avec une force déchirant les concepts. Vous vivez intensément l'expérience de l'impermanence de la vie, la nature de souffrance de l'existence humaine et la vérité de l'absence de soi. Vous faites l'expérience de ces choses d'une manière si vivante que vous vous éveillez soudainement à l'absolue futilité du désir, de l'attachement et de la résistance. Dans la clarté et la pureté de ce moment profond, la conscience est transformée. Le concept de « soi » s'évapore. Tout ce qui reste est une infinité de phénomènes impersonnels interdépendants et conditionnés, sans cesse changeants. Le désir est éteint et un grand fardeau est enlevé. Seul reste un flux sans effort, sans aucune trace de résistance ou de tension. Seule demeure la paix, et le Nibbana béni, l'incréé, est réalisé.

# Post-scriptum
*à la nouvelle édition*

# Le pouvoir de l'amitié-bienveillance

De manière certaine, les moyens propres à l'Attention, tels qu'ils ont été exposés dans ce livre, peuvent transformer votre expérience quotidienne si vous décidez de les mettre à profit. Dans le présent chapitre, qui complète cette nouvelle édition, j'aimerais mettre en relief un autre aspect de la voie bouddhique fonctionnant main dans la main avec l'Attention. Il s'agit de « metta », l'amitié-bienveillance. Sans elle, notre pratique de l'Attention ne parviendra jamais à transpercer la cuirasse de l'avidité ni à faire sauter notre sens rigide du moi. Réciproquement, l'Attention est une base nécessaire pour développer l'amitié-bienveillance. Elles sont toujours cultivées conjointement.

Au cours des vingt dernières années, beaucoup d'événements se sont produits dans le monde. Ils ont fait grandir le sentiment d'insécurité et la peur. Dans un tel contexte, il est crucial pour notre bien-être de cultiver un profond sentiment d'amitié-bienveillance. C'est aussi le meilleur espoir pour l'avenir du monde. Le souci des autres, concrétisé dans la bienveillance, est au cœur de la promesse du Bouddha. Vous pouvez en trouver le témoignage partout dans ses enseignements et dans la manière dont il a vécu.

En naissant, chacun possède cette capacité. Pourtant, les germes de la bienveillance ne peuvent se développer que dans un esprit calme, libre de la colère, de la convoitise et de la jalousie. Elle ne peut fleurir que dans le terreau fertile d'un esprit paisible. Nous devons en nourrir les graines en nous-mêmes et chez les autres, les aider à prendre racine et à parvenir à maturité.

Je voyage partout dans le monde pour enseigner le Dhamma et, par suite, je passe beaucoup de temps dans les aéroports. Un jour, j'étais à Gatwick, près de Londres, attendant mon vol. Je devais attendre un bon moment, mais, dans mon cas, ce n'est pas un problème. En fait, c'est un plaisir, car cela veut dire plus de temps pour méditer ! J'étais donc là, assis jambes croisées sur l'une des banquettes de l'aérogare, yeux fermés, pendant qu'autour de moi les gens allaient et venaient, se hâtant vers leur vol ou en arrivant. Dans de telles situations, je fais le plein de pensées bienveillantes et compatissantes pour tous les êtres, où qu'ils se trouvent. Avec chaque respiration, chaque battement de cœur, j'essaye de me laisser entièrement pénétrer par la lumière de l'amitié-bienveillance.

Dans cet aéroport plein d'activité, absorbé comme je l'étais dans le sentiment de « metta », je ne portais aucune attention aux allées et venues. Pourtant, j'ai bientôt senti que quelqu'un s'était assis tout près de moi. Sans ouvrir les yeux, j'ai simplement poursuivi ma méditation, faisant rayonner la bienveillance alentour. J'ai alors senti deux petites mains toutes douces qui se plaçaient autour de mon cou. Lentement, j'ai ouvert les yeux et ai découvert une très belle petite fille, âgée peut-être de deux ans, aux yeux bleu brillant, la tête cernée de boucles blondes, qui me prenait par le cou et se serrait contre moi. J'avais vu cette belle enfant alors que j'observais les gens. À ce moment-là, sa petite main était serrée autour du petit doigt de sa mère. Apparemment, elle s'était libérée et précipitée vers moi.

Regardant alentour, j'ai vu que sa mère avait couru après elle. Voyant la petite me tenir par le cou, elle m'a demandé : « S'il vous plaît, bénissez ma petite et laissez-la partir. » Je ne savais pas quelle langue l'enfant parlait, mais je lui ai dit en anglais : « S'il te plaît, pars. Ta maman a plein de baisers pour toi, plein de douceur, de jouets et de bonbons. Je n'ai rien de tout cela. Pars, s'il te plaît. » Mais l'enfant continuait de me tenir par le cou et ne voulait pas me lâcher. De nouveau, sa mère joignit les mains et me pria avec beaucoup de gentillesse : « S'il vous plaît, monsieur, bénissez-la et laissez-la partir. »

D'autres personnes dans l'aérogare commençaient à se rendre compte de ce qui se passait. Probablement ont-elles pensé que je connaissais cette enfant et faisais peut-être partie de sa famille. Elles pensaient certainement qu'il existait un lien très fort entre nous. Et pourtant, je n'avais jamais vu cette charmante enfant avant ce jour-là. Je ne savais même pas quelle langue elle parlait. De nouveau, je la pressais : « Va, s'il te plaît. Toi et ta mère avez un avion à prendre. Tu es en retard. Ta mère a tous tes jouets et tes bonbons. Je n'ai rien. Va, je t'en prie. » Mais elle ne bougeait pas. Elle s'agrippait à moi de plus en plus fort. Très doucement, la mère détacha alors les mains de la petite de mon cou et me demanda de la bénir. « Tu es une très gentille petite fille » dis-je. « Ta mère t'aime très fort. Dépêche-toi. Tu risques de manquer ton avion. Va, je t'en prie. » Mais elle ne voulait toujours pas partir. Elle pleurait et pleurait de plus belle. En fin de compte, sa mère la souleva avec précaution. La gamine criait et donnait des coups de pied. Elle cherchait à se libérer et à revenir vers moi. Cette fois, sa mère réussit à la porter jusqu'à l'embarquement. Dans la dernière image que j'en ai, elle se débattait encore pour se libérer et revenir en courant vers moi.

Il se peut que cette petite m'ait pris pour le père Noël en raison de mes robes monastiques ou pour un personnage de conte de fées. Une autre possibilité existe cependant. Lorsque j'étais assis sur la banquette, je pratiquais metta et faisais rayonner des pensées bienveillantes avec chaque respiration. Peut-être cette jeune enfant l'a-t-elle senti ? Les enfants sont extrêmement sensibles dans ce domaine. Leur psyché absorbe tous les sentiments dans lesquels ils baignent. Lorsque vous êtes en colère, ils en ressentent les vibrations, et lorsque vous êtes plein d'amour et de compassion, ils le sentent aussi. Cette petite fille a, peut-être, été attirée vers moi par les sensations de bienveillance qu'elle ressentait. Un lien existait entre nous, celui de la bienveillance.

## Les quatre états sublimes

L'amitié bienveillante fait des miracles. Nous avons la capacité d'agir avec bienveillance. Bien que ce pouvoir de bienveillance soit en tous, nous ne savons peut-être même pas qu'il est en nous. La bienveillance « metta » est l'un des quatre états sublimes décrits par le Bouddha, avec la compassion, la joie qui naît de celle des autres et l'équanimité. Tous quatre sont en interrelation les uns avec les autres. On ne peut cultiver l'un sans l'autre.

Une manière de comprendre ces états consiste à penser aux différents stades par lesquels passent les parents. Lorsqu'une jeune femme découvre qu'elle va avoir un bébé, elle ressent un puissant courant d'amour pour l'enfant qu'elle porte. Elle fera tout ce qui est en son pouvoir pour protéger l'enfant qui se forme en elle. Elle mettra tous ses efforts pour qu'il soit à l'aise et en bonne santé. Elle est pleine d'amour et d'espérance à son égard. Tout comme metta, le sentiment éprouvé par la nouvelle mère est sans limite et il embrasse tout. Il n'est pas dépendant des actions ni du comportement de celui à qui s'adressent ces pensées pleines d'amour.

Quand l'enfant grandit et commence à explorer son monde, les parents développent la compassion. Chaque fois qu'il tombe par terre, qu'il s'écorche les genoux, se cogne la tête, la mère ressent la douleur de l'enfant. Certains parents disent même que, quand leur enfant se fait mal, c'est comme si cela leur arrivait à eux-mêmes. Ce sentiment n'est pas de la pitié. La pitié crée une distance entre les autres et nous-mêmes. La compassion nous mène à l'action appropriée. Et l'action appropriée, compatissante, est simplement le pur espoir jaillissant du cœur que la douleur cesse et que l'enfant ne souffre pas.

Les années passent, l'enfant va à l'école. Ses parents portent attention aux amis qu'il se fait, à ses bonnes notes, à ses succès en sport, en orthographe… A-t-il été choisi pour faire partie de l'équipe de foot, pour être le responsable d'une activité ? Sans rancune ni jalousie envers le succès de leur enfant, les parents sont pleins de joie devant sa réussite. C'est la joie altruiste. En pensant à ce que nous ressentirions dans le cas de notre propre enfant, nous pouvons éprouver ce sentiment envers les autres personnes. Nous pouvons même, lorsque nous pensons à ceux dont la réussite est supérieure à la nôtre, l'apprécier et nous en réjouir.

Poursuivons notre exemple. Après bien des années, l'enfant a grandi. Il a terminé ses études et se lance dans la vie. Peut-être se marie-t-il et fonde-t-il une famille ? Pour les parents, l'heure est venue de pratiquer l'équanimité. Ce n'est évidemment pas de l'indifférence qu'ils éprouvent à l'égard de leur fils ou de leur fille. D'un côté, ils ont le sentiment d'avoir fait tout ce qu'ils pouvaient pour leur enfant. De l'autre, ils sont conscients de leurs limites. Bien sûr, ils continuent de s'en soucier. Ils ont du respect pour lui, mais ils comprennent aussi qu'ils n'orientent plus le déroulement de sa vie. Ils pratiquent l'équanimité.

Le but de notre pratique est de cultiver ces quatre états sublimes : l'amitié-bienveillance, la compassion, la joie par sympathie et l'équanimité.

Le mot *metta* vient de « mitra », un autre mot pali qui veut dire « ami ». C'est pourquoi je préfère utiliser l'expression « amitié-bienveillance » pour traduire *metta*. En sanskrit, mitra fait aussi référence au Soleil, centre de notre système planétaire, qui rend toute vie possible. De même que les rayons solaires apportent de l'énergie à toutes les créatures vivantes, la chaleur et l'éclat de « metta » s'écoulent dans le cœur de tous les êtres vivants.

## La graine est en chacun de nous

Des objets différents réfléchissent l'énergie du soleil de manières différentes. De même, des personnes différentes expriment l'amitié-bienveillance de différentes manières. Certaines sont naturellement chaleureuses, d'autres sont plus réservées et réticentes à ouvrir leur cœur. Certaines doivent faire des efforts pour développer « metta », d'autres y parviennent sans difficulté. Mais personne n'en est totalement dépourvu. Nous naissons tous avec son instinct. Cela peut même se voir chez de jeunes bébés qui sourient facilement à la vue d'un autre visage humain, quel qu'il soit. Tristement, bien des gens ne savent pas à quel point ils sont dotés de bienveillance. Cette capacité innée peut se trouver enfouie sous une couche de haine, de colère, de ressentiment, accumulée à travers toute une vie de pensées et d'actions malfaisantes – et peut-être même de nombreuses vies. Quoi qu'il en soit, nous pouvons tous développer notre cœur. Nous pouvons nourrir les graines de la bienveillance jusqu'à ce que sa force s'épanouisse dans toutes nos entreprises.

À l'époque du Bouddha vivait un homme appelé Angulimala. Cet homme, pour employer le langage d'aujourd'hui, était un tueur en série. Il était si pervers qu'il portait autour du cou un collier orné de doigts coupés provenant des mains des personnes qu'il avait massacrées. Il voulait faire du Bouddha sa millième victime. Malgré la réputation d'Angulimala et son aspect repoussant, le Bouddha avait la capacité de voir le potentiel de bienveillance qui existait en lui. Aussi, par amour et compassion – qualités propres au Bouddha – enseigna-t-il le Dhamma à cet ignoble meurtrier. Le résultat fut qu'Angulimala jeta ensuite son épée et fit allégeance au Bouddha. Puis, il se joignit à ses disciples et reçut l'ordination de moine.

En fin de compte, il apparut qu'Angulimala avait commencé sa folle série de meurtres des années plus tôt, parce qu'un homme qu'il considérait comme son maître lui avait enjoint de le faire (pour des raisons malignes qui lui étaient propres). Par nature, Angulimala n'était pas une personne cruelle ni malfaisante. En fait, il avait été bon dans son enfance. La bienveillance, la gentillesse et la compassion existaient dans son cœur et il parvint à l'éveil après son ordination.

L'histoire d'Angulimala nous montre que, parfois, des gens peuvent paraître cruels et mauvais sans l'être par nature, et que nous devons nous en rendre compte. Dans leurs vies, des circonstances les conduisent à agir de mauvaises façons. Dans le cas d'Angulimala, il devint un meurtrier en raison de la dévotion qu'il portait à son maître. Pour chacun de nous, et pas seulement pour les criminels, il existe d'innombrables causes et conditions, bonnes et mauvaises, qui nous font agir comme nous le faisons.

En complément de la pratique précédemment suggérée dans ce livre, j'aimerais vous proposer une autre manière de cultiver l'amitié-bienveillance. De nouveau, commencez cette méditation en bannissant les pensées d'auto-critique et de dévalorisation de vous-même. Puis, dites-vous les phrases suivantes en en ressentant vraiment l'intention :

*Puisse mon esprit être plein de pensées bienveillantes, de compassion, de joie altruiste, d'équanimité. Puissé-je être généreux, bon, détendu. Heureux et paisible, bien portant. Puisse mon cœur être doux, mes paroles agréables aux autres, mes actions aimables.*

*Puisse tout ce que je vois, entends, sens, touche et pense, m'aider à cultiver la bienveillance, la compassion, la joie qui naît de celle des autres et l'équanimité. Puissent toutes ces expériences m'aider à développer des pensées de générosité et de gentillesse. Puissent-elles toutes m'aider à me détendre, m'inspirer une conduite amicale, être source de paix et de bonheur ; m'aider à me libérer de la peur, du stress, de l'anxiété, de l'inquiétude et de l'impatience.*

*Quel que soit le lieu où je me rende dans le monde, quelle qu'en soit la direction, puissé-je accueillir les gens avec joie, paisiblement et amicalement. Puissé-je, en tous lieux, être protégé de l'avidité, de la colère, de l'aversion, de la haine, de la jalousie et de la peur.*

Lorsque nous cultivons en nous-mêmes cette amitié-bienveillance, nous apprenons à voir que les autres possèdent cette nature de bonté et de gentillesse, aussi bien cachée soit-elle. Parfois, il faut creuser très profondément pour la trouver ; en d'autres, elle est plus près de la surface.

## Voir à travers la boue

Le Bouddha racontait l'histoire d'un moine qui trouve sur son chemin un morceau de tissu sale, si sale qu'il commence par ne pas même vouloir y toucher. Il lui donne quelques coups de pied pour en chasser un peu la saleté. Dégoûté, il le ramasse avec précautions, le tenant à deux doigts, éloigné de lui, d'un air méprisant. Pourtant, alors même qu'il agit ainsi, le moine imagine une possibilité. Il emporte le chiffon avec lui, le lave, encore et encore. En fin de compte, l'eau coule propre. Débarrassé de sa saleté et de son aspect repoussant, le morceau de tissu paraît utilisable. Le moine se rend compte que s'il ramassait des morceaux de tissus en quantité suffisante, ce chiffon pourrait faire partie d'une robe.

De même, en raison de la grossièreté de son langage, une personne peut paraître sans valeur. Son potentiel de bienveillance peut être invisible. C'est ici qu'entre en jeu la pratique de « l'effort habile ». Sous la grossièreté extérieure d'une telle personne, il se pourrait que vous trouviez le chaleureux et radieux joyau qui constitue sa véritable nature.

Il arrive aussi qu'une personne utilise un langage très brutal envers les autres tout en agissant parfois avec compassion et bonté. Malgré ses mots, ses actes peuvent être bons. Le Bouddha comparait ce genre de personne à un étang couvert de mousse. Pour utiliser l'eau, vous devez écarter la mousse. De même, nous devons parfois ignorer les faiblesses superficielles de quelqu'un pour trouver son bon cœur.

Qu'en est-il alors dans le cas d'une personne dont les paroles sont cruelles et les actes également ? Est-elle totalement mauvaise ? Même une telle personne peut avoir un cœur pur. Imaginez que vous ayez marché en plein désert. Vous êtes sans eau et il n'y en a nulle part alentour. Vous avez le corps brûlant. Vous êtes épuisé. Avec chacun de vos pas, votre soif devient plus intense. Vous avez désespérément besoin d'eau. Tout à coup, vous voyez une empreinte de sabot de vache. Il y a de l'eau dans la cavité. Très peu, car l'empreinte n'est pas profonde. Si vous essayiez de recueillir l'eau dans le creux de votre main, elle serait boueuse. Vous avez tellement soif que vous vous agenouillez et vous penchez en avant. Tout doucement, vous approchez vos lèvres pour aspirer l'eau, avec beaucoup de précautions, pour ne pas remuer la boue. Cette petite quantité d'eau est restée claire, quoiqu'elle soit entourée de saletés. Vous pouvez diminuer votre soif. Avec de semblables efforts, il nous est possible de découvrir un bon cœur, même chez une personne qui paraît être sans aucune rédemption possible.

Le centre de méditation où j'enseigne le plus souvent est situé dans les collines de la Virginie-Occidentale. Au début, lorsque nous avons ouvert notre centre, il y avait un homme extrêmement inamical, un peu plus bas en descendant la côte. Je faisais chaque jour une grande marche et, à chaque fois que je le voyais, je le saluais de la main. Il fronçait les sourcils en me regardant et détournait la tête. Malgré tout, je persistais et le saluais toujours en lui adressant des pensées bienveillantes. Son attitude ne m'influençait pas. Jamais je n'ai renoncé. Chaque fois que je le voyais, je lui faisais un signe de la main. Après environ un an, son attitude changea. Il arrêta de froncer les sourcils. J'étais aux anges ! La pratique de l'amitié-bienveillance commençait à porter ses fruits.

Un an plus tard, alors que je passais près de lui, quelque chose de miraculeux se produisit. Il était en voiture et, en me dépassant, il leva un doigt du volant. De nouveau, je pensais : « Merveilleux ! La bienveillance fonctionne ». Et, de nouveau une année passa, pendant laquelle, jour après jour, je le saluais de la main et lui souhaitais du bien. La troisième année, il leva deux doigts dans ma direction. Puis, l'année suivante, il leva quatre doigts du volant. Et le temps continua à passer. Un jour, alors que je marchais le long de la route, il tourna, juste à ce moment-là, pour prendre l'allée qui conduisait à sa maison. Il leva complètement la main du volant, sortit son bras de la voiture par la vitre ouverte, et me rendit mon salut.

Peu de temps après, j'ai vu la voiture de cet homme, garée sur le côté d'une des routes forestières. Assis sur le siège du conducteur, il fumait une cigarette. Je suis allé vers lui et nous avons commencé à parler. D'abord du temps, puis, peu à peu, il me confia son histoire : plusieurs années auparavant, il avait eu un terrible accident. Un arbre était tombé sur son camion. Presque tous les os de son corps avaient été fracturés, et il était resté dans le coma pendant un certain temps. Il commençait seulement à se rétablir lorsque je l'ai vu, les premières fois, sur la route. Ce n'était pas par méchanceté qu'il ne répondait pas à mon salut, mais parce qu'il ne pouvait pas bouger ses doigts ! Si j'avais abandonné, je n'aurais jamais su à quel point le cœur de cet homme était bon. Alors que j'étais en voyage, il est un jour venu à ma recherche, inquiet de ne pas m'avoir vu marcher sur la route depuis quelque temps. Maintenant, nous sommes amis.

## Pratiquer l'amitié-bienveillance

Le Bouddha disait « Ayant passé le monde entier en revue avec mon esprit, je n'ai trouvé personne qui aime les autres plus que lui-même. Par conséquent, quelqu'un qui s'aime devrait cultiver cette bienveillance. » Cultivez d'abord la bienveillance envers vous-même, avec l'intention de partager vos pensées bienveillantes avec les autres. Développez ce sentiment. Soyez plein de bonté envers vous. Acceptez-vous tel que vous êtes. Faites la paix avec vos défauts. Embrassez même vos faiblesses. Soyez bon et indulgent pour vous, tel que vous êtes, en ce moment même. Si des pensées viennent à vous, quant à tout ce qu'il faudrait que vous soyez, laissez-les partir. Établissez pleinement, en profondeur, ces sentiments de bienveillance et de bonté à votre égard. Laissez la force de la bienveillance saturer tout votre corps et votre esprit. Détendez-vous dans sa chaleur et dans son rayonnement. Puis, étendez ce sentiment à ceux que vous aimez, ensuite à ceux que vous ne connaissez pas ou pour lesquels vous n'éprouvez rien de spécial, et même à vos adversaires !

*Que chacun de nous, sans exception, imagine que nos esprits sont libérés de l'avidité, de la colère, de l'aversion, de la haine, de la jalousie et de la peur ; que la pensée de l'amitié-bienveillance nous anime et nous enveloppe. Que chaque cellule, chaque goutte de sang, chaque atome, chaque molécule de nos corps et de nos esprits soient gorgés de pensées bienveillantes ! Que nos corps et nos esprits soient détendus ! Que l'amitié-bienveillance les anime ! Que sa tranquillité et sa paix pénètrent tous les êtres !*

*Dans toutes les directions, partout dans l'univers, puissent les cœurs de tous les êtres rayonner la bonté. Que tous les êtres soient heureux, aimables. Qu'ils aient une bonne fortune et de bons amis qui tiennent à eux. Puissent-ils par-*

*tout être animés par un riche sentiment de bienveillance, généreux, illimité. Puissent-ils être délivrés des inimitiés, des afflictions et de l'anxiété. Puissent-ils vivre heureux.*

De même que nous marchons, courons, nageons pour fortifier nos corps, la pratique régulière de la bienveillance fortifie nos cœurs. Au début, il est possible que nous ayons simplement l'impression de faire des gammes. Mais, en nous imprégnant encore et encore de pensées bienveillantes, une habitude se forme, une bonne habitude. Progressivement, notre cœur se renforce et le réflexe de bienveillance devient automatique. À mesure que nos cœurs se renforcent, nous pouvons former des pensées aimables et amicales, même envers ceux qui nous sont hostiles.

*Puissent mes adversaires être bien portants, heureux et en paix. Qu'il ne leur arrive aucun mal. Puissent-ils ne rencontrer aucune difficulté, aucune souffrance. Puissent-ils développer leur bienveillance et connaître le succès.*

« Succès ? » s'interrogent certaines personnes. « Comment pouvons-nous souhaiter le succès à nos adversaires ? Et s'ils essayent de nous tuer ? » Lorsque nous souhaitons du succès à nos adversaires, nous n'avons pas en tête la réussite mondaine ou quelque action immorale ou contraire à l'éthique ; nous voulons parler de succès dans le domaine spirituel. Et dans ce domaine, il est clair qu'ils n'ont pas de succès ; s'ils réussissaient spirituellement, ils n'agiraient pas d'une manière pouvant nous faire du mal.

Chaque fois que nous souhaitons à nos adversaires « puissent-ils connaître le succès », nous voulons dire « Puissent-ils être libérés de la colère, de l'avidité, de la jalousie. Puissent-ils être en paix, à l'aise et heureux. » Pour quelles raisons quelqu'un est-il cruel ou malveillant ? Peut-être est-ce parce qu'il a été élevé dans de mauvaises conditions ou qu'il a rencontré des circonstances malheureuses. Peut-être y a-t-il des situations que nous ne connaissons pas qui le font agir de manière cruelle. Le Bouddha nous a demandé de penser à de telles personnes de la même façon que nous le ferions pour quelqu'un souffrant d'une terrible maladie. Nous mettons-nous en colère, sommes-nous fâchés lorsque les gens sont malades ? Ou bien, avons-nous de la sympathie, de la compassion à leur égard ? Peut-être nos ennemis, encore plus que ceux que nous aimons, ont-ils besoin de notre bonté, car leur souffrance est d'autant plus grande. Pour ces raisons, nous devrions entretenir à leur égard, sans aucune réserve, des pensées bienveillantes et leur faire une place dans notre cœur, exactement comme nous le faisons avec ceux qui nous sont le plus chers.

*Puissent tous ceux qui nous ont fait du mal être libérés de l'avidité, de la colère, de l'aversion, de la haine, de la jalousie et de la peur. Puissent ces souhaits bienveillants les imprégner, les entourer. Puissent chaque cellule, chaque goutte de sang, chaque atome, chaque molécule de leurs corps et de leurs esprits être gorgés de pensées amicales. Puissent-ils détendre leurs corps et leurs esprits. Que la paix et la tranquillité se répandent dans tout leur être.*

La pratique de l'amitié-bienveillance peut changer nos schémas de pensée négatifs et renforcer ceux qui sont positifs. Lorsque nous pratiquons la méditation « metta », nos esprits se chargent de paix et de joie. Nous nous détendons. Nous parvenons à nous concentrer. Notre esprit étant devenu calme et paisible, colère, aversion et rancune se dissipent. Mais la bienveillance ne se limite pas à des pensées. Il faut la manifester dans nos paroles et dans nos actions. Il n'est pas possible de cultiver l'amitié- bienveillance en nous isolant du monde.

Vous pouvez commencer en adressant des pensées bienveillantes à tous ceux que vous côtoyez chaque jour. Si l'Attention est présente, vous pouvez le faire à chaque minute de la journée. Chaque fois que vous voyez quelqu'un, considérez que, comme vous, cette personne veut être heureuse et éviter de souffrir. Tout le monde est ainsi. Tous les êtres partagent le même désir. Même le plus petit insecte recule devant la douleur. Lorsque nous reconnaissons ce fond commun, nous comprenons à quel point nous sommes tous reliés. La caissière du supermarché, l'homme qui vous double sur l'autoroute, le jeune couple dans la rue, le vieil homme qui donne des graines aux pigeons... Quand vous voyez un autre être, quel qu'il soit, gardez cela à l'esprit. Souhaitez-lui du bonheur, d'être en paix et bien portant. Cette pratique peut changer votre vie et celle de ceux qui vous entourent.

Au début, vous ressentirez peut-être une résistance envers cette pratique. Elle peut vous paraître forcée. Peut-être vous sentirez-vous incapable d'accueillir de telles pensées. Il se peut aussi que, compte tenu des expériences que vous avez faites dans votre vie, il vous soit plus facile d'éprouver de la bienveillance envers certaines personnes et plus difficile envers d'autres. Avec les enfants, par exemple, nous éprouvons souvent très naturellement des sentiments bienveillants, alors que c'est plus difficile avec des adultes. Observez les habitudes de votre esprit. Apprenez à reconnaître vos émotions négatives et commencez à les dissoudre. Avec l'Attention, vous pouvez peu à peu changer vos réactions.

Posons-nous maintenant la question : adresser des pensées bienveillantes à quelqu'un change-t-il cette personne ? La pratique de la bienveillance peut-elle changer le monde ? Lorsque vous adressez de telles pensées à des gens éloignés ou que vous ne connaissez même pas, il est naturellement impossible d'en connaître l'effet. Mais vous pouvez constater l'effet de la pratique de l'amitié bienveillante sur votre propre tranquillité mentale. L'important est la sincérité de votre propre souhait de bonheur pour les autres. L'effet est vraiment immédiat. La seule façon de vous en rendre compte est d'essayer par vous-même.

Pratiquer la bienveillance ne signifie pas que nous ignorions les mauvaises actions des autres. Cela signifie simplement que nous y répondons de la manière appropriée. Un prince nommé Abharaja Kumara vint un jour trouver le Bouddha et lui demanda s'il lui arrivait d'être brutal avec les autres. Au moment où il posait cette question, le jeune enfant du prince était assis sur ses genoux.

– Supposons, Prince, que votre jeune enfant mette un morceau de bois dans sa bouche, que feriez-vous ? demanda le Bouddha.

– S'il mettait un morceau de bois dans sa bouche, je le tiendrais fermement entre mes jambes et enfoncerais mon index recourbé dans sa bouche. Même s'il pleurait et se débattait dans son inconfort, j'arracherais le morceau de bois de sa bouche, dût-il saigner, dit le prince.

– Et pourquoi agiriez-vous ainsi ?

– Parce que j'aime mon enfant. Je veux lui sauver la vie, répondit le prince.

– De même, Prince, je dois parfois être rude avec mes disciples, non par cruauté, mais par amour pour eux, dit le Bouddha. La bienveillance, et non la colère, motivait ses actions.

Le Bouddha nous a donné cinq moyens essentiels pour entretenir des relations bienveillantes avec les autres. Ces moyens sont les cinq préceptes. Certaines personnes pensent à la morale en termes de réduction de liberté, alors qu'en fait, les préceptes nous libèrent. Ils nous libèrent de la souffrance que nous nous causons nous-mêmes et que nous causons aux autres lorsque nous agissons sans bienveillance. Ces principes directeurs nous apprennent à ne pas faire de mal aux autres ; et, en protégeant les autres, nous nous protégeons nous-mêmes. Ils nous enjoignent de nous abstenir de tuer, de voler, de commettre des actes sexuels malsains, d'émettre des paroles mensongères, brutales ou méchantes, de consommer des produits qui nous font agir de manière inconsidérée.

Le développement de l'Attention par la pratique de la méditation nous aide également à vivre avec les autres de manière bienveillante. Sur le coussin, nous observons nos esprits quand attirance et répulsion apparaissent. Nous apprenons à détendre notre esprit quand de telles pensées se présentent. Nous apprenons à voir l'attachement et l'aversion comme des états passagers et à les laisser partir. La méditation nous aide à voir le monde sous un jour nouveau et nous ouvre une porte de sortie. Plus notre pratique gagne en profondeur, plus nos capacités grandissent.

## Traiter la colère

Lorsque nous sommes en colère à cause de quelqu'un, nous nous fixons souvent sur un aspect particulier de cette personne. Fréquemment, il s'agit seulement d'une simple chose ou d'une autre, juste quelques paroles brutales, un certain regard, une action irréfléchie. Dans notre esprit, les autres aspects de cette personne s'évanouissent. Il ne reste que ce qui nous a fait sortir de nos gonds. Quand nous agissons ainsi, nous isolons une minuscule fraction de toute la personne, comme s'il s'agissait de quelque chose de réel, de fixe. Tous les facteurs, toutes les forces qui ont façonné cette personne nous échappent. Nous sommes focalisés sur un seul aspect : celui qui nous a mis en colère.

Au fil des ans, j'ai reçu de nombreuses lettres de détenus qui cherchent à apprendre le Dhamma. Certains ont fait des choses terribles, même commis un meurtre. Et pourtant, ils voient maintenant les choses différemment et veulent changer leur vie. Une lettre particulièrement pénétrante m'a beaucoup touché. Son auteur y décrivait la manière dont les autres détenus poussaient des cris et lançaient des sarcasmes chaque fois que le gardien apparaissait. Il disait essayer de leur expliquer que ce gardien était aussi un être humain, mais sans succès. Ils étaient aveuglés par la haine. Ils ne pouvaient voir, disait-il, que l'uniforme, et non l'homme qui le portait.

Quand quelqu'un nous a mis en colère, nous pouvons nous demander : « Suis-je en colère à cause des cheveux que cette personne a sur le crâne ? À cause de sa peau ? De ses dents ? De son intelligence ? De son cœur ? De son sens de l'humour ? De sa tendresse ? De sa générosité ? De son sourire ? » Quand on prend le temps de considérer les nombreux éléments et fonctions qui constituent une personne, notre colère s'adoucit naturellement. Par la pratique de l'Attention, nous apprenons à nous voir et à voir les autres plus clairement. La compréhension nous aide à vivre avec les autres de manière bienveillante. En chacun de nous existe un noyau de bonté. Chez certains, comme dans le cas d'Angulimala, nous ne pouvons pas voir cette nature véritable. La compréhension du concept de « sans-soi » adoucit notre cœur et nous aide à pardonner aux autres leurs actions malveillantes. Nous apprenons à vivre avec bienveillance, tant envers nous-mêmes qu'envers les autres.

Mais si quelqu'un vous blesse, vous insulte, qu'en est-il alors ? Il se peut que vous vouliez vous venger, ce qui est une réaction très humaine. Mais, où mène-t-elle ? « La haine n'est jamais éteinte par un surcroît de haine » est-il dit dans le Dhammapada. Une réaction de colère ne mène qu'à un accroissement de la colère. Si vous répondez à la colère par la bienveillance, la colère de l'autre personne ne grandira pas. Elle peut se dissiper lentement. « Par l'amour seulement, la haine est éteinte » poursuit le verset du Dhammapada.

Un ennemi du Bouddha, nommé Devadatta avait conçu un stratagème pour le tuer. Après avoir mis un éléphant en rage avec de l'alcool, Devadatta le lâcha à l'endroit et à l'heure où il savait que le Bouddha passerait. Sur la route, tout le monde s'enfuit. Tous ceux qui voyaient le Bouddha approcher le prévenaient, afin qu'il puisse s'enfuir également. Mais le Bouddha continuait d'approcher. Son dévoué compagnon, le vénérable Ananda, pensa pouvoir arrêter l'éléphant. Lorsqu'il dépassa le Bouddha pour essayer de le protéger, celui-ci lui demanda de s'écarter ; la seule force physique d'Ananda ne pouvait évidemment pas arrêter l'éléphant.

L'éléphant arriva près du Bouddha, tête levée, oreilles droites, trompe dressée, dans une folle fureur. Le Bouddha se tint simplement devant lui, en irradiant des pensées de bonté et de compassion envers l'animal – et l'éléphant s'arrêta dans sa course. Doucement, le Bouddha éleva sa main, la paume tournée vers l'animal, lui envoyant des ondes d'amitié bienveillante. L'éléphant s'agenouilla devant lui, aussi doux qu'un mouton. Le Bouddha, par le seul pouvoir de la bienveillance, avait maîtrisé l'animal en furie.

La réponse à la colère par la colère est une réaction conditionnée. Elle est apprise plutôt qu'innée. Si nous avons été éduqués depuis l'enfance à être patients, bons et aimables, la bienveillance fait alors partie de nos vies. Elle devient une habitude. Autrement, c'est la colère qui est l'habitude. Mais, même étant adultes, nous pouvons changer nos réactions. Nous pouvons nous entraîner à réagir de manière différente.

Il y a une autre histoire, tirée de la vie du Bouddha, qui nous apprend comment répondre aux insultes et aux paroles agressives. Les rivaux du Bouddha avaient soudoyé une prostituée nommée Cinca pour l'insulter et l'humilier. Elle commença par fixer sur son ventre, sous ses vêtements grossiers, un ballot de brindilles, pour donner l'impression qu'elle était enceinte. Puis, alors que le Bouddha donnait un enseignement à des centaines de personnes, elle vint se placer devant lui et dit : « Vous, gredin. Vous prétendez être un saint et prêchez devant tous ces gens. Mais regardez ce que vous m'avez fait. Je suis enceinte par votre faute. » Calmement, le Bouddha s'adressa à elle sans colère, sans haine. D'une voix pleine de bienveillance et de compassion, il lui dit : « Sœur, vous et moi sommes les deux seuls à savoir ce qui s'est passé. » Décontenancée par une telle réponse, Cinca fut tellement choquée qu'elle trébucha en se retirant. La corde qui maintenait le ballot sur son ventre se dénoua. Les brindilles tombèrent à terre et chacun se rendit compte de son stratagème. Dans l'assistance, plusieurs personnes voulurent la frapper, mais le Bouddha les arrêta. « Non, non. Ce n'est pas ainsi que vous devez la traiter. Nous devons l'aider à comprendre le Dhamma. C'est une punition beaucoup plus efficace. » Après que le Bouddha lui eût enseigné le Dhamma, la personnalité de Cinca changea entièrement. À son tour, elle devint aimable, bienveillante et compatissante.

Lorsque quelqu'un cherche à vous mettre en colère ou agit pour vous faire du mal, demeurez avec vos pensées d'amicale bienveillance à son égard. Une personne pleine de pensées bienveillantes est comme la terre, a dit le Bouddha. Quelqu'un qui chercherait à faire disparaître la terre en creusant avec une pioche ou avec une hache agirait en vain. Aussi profondément creuserait-il, pendant toute une vie ou pendant de nombreuses vies, la terre ne disparaîtrait pas. La terre reste non affectée, non affaiblie. Comme la terre, une personne pleine d'amitié-bienveillance n'est pas touchée par la colère.

Une autre histoire parle d'un homme appelé Akkosina, dont le nom veut dire « qui ne se met pas en colère ». En fait, cet homme était tout le contraire : toujours en colère. Lorsqu'il apprit que cela n'arrivait jamais au Bouddha, avec qui que ce soit, il décida de lui rendre visite. Se plaçant devant lui, il lui fit de multiples reproches sur de nombreux sujets, tout en l'insultant et le traitant de tous les noms. À la fin de la tirade, le Bouddha lui demanda s'il avait des amis ou des parents. « Oui » répondit l'homme. « Lorsque vous leur rendez visite, leur apportez-vous des cadeaux ? » « Bien sûr » dit l'homme. « Je leur apporte toujours des cadeaux. » « Qu'arrive-t-il, s'ils n'acceptent pas vos cadeaux ? » demanda le Bouddha. « Dans ce cas, je les emporte simplement à la maison et en profite avec ma propre famille. » « Eh bien, de même » dit le Bouddha. « Vous m'avez apporté un cadeau aujourd'hui que je n'accepte pas. Vous pouvez l'emporter à la maison pour votre famille. » Avec patience, intelligence et bienveillance, le Bouddha nous invite à changer notre façon de prendre le « cadeau » des paroles coléreuses.

Si nous répondons aux insultes ou aux paroles de colère par l'Attention et l'amitié-bienveillance, nous pouvons observer de près l'ensemble de la situation. Peut-être cette personne ne savait-elle pas vraiment ce qu'elle disait ? Peut-être ses paroles n'étaient-elles pas destinées à vous blesser ? Peut-être étaient-elles sans malice aucune ou purement irréfléchies ? Peut-être votre état d'esprit au moment où les mots étaient prononcés vous a-t-il induit en erreur ? Peut-être ne les avez-vous pas bien entendus ou avez-vous mal compris le contexte… Il est également important de considérer avec soin ce qui est dit. Si vous réagissez avec colère, vous n'entendez pas le message derrière les mots. Peut-être cette personne met-elle le doigt sur quelque chose que vous avez besoin d'entendre.

Nous rencontrons tous des gens qui nous énervent. Sans l'Attention et la bienveillance, nous réagissons automatiquement avec colère ou ressentiment. L'Attention nous donne la capacité d'observer comment notre esprit répond à certains mots, à certaines actions. Tout comme nous le faisons sur le coussin, nous pouvons observer l'apparition de l'aversion et de l'attachement. L'Attention joue le rôle d'un filet de sécurité qui nous protège des actions malveillantes. Elle nous donne du temps. Le temps nous donne des choix. Nous ne sommes pas obligés de nous laisser emporter par nos émotions. Nous pouvons répondre avec sagesse plutôt que par aveuglement.

## L'amitié bienveillante universelle

La pratique de l'amitié-bienveillance n'est pas quelque chose que nous faisons assis sur un coussin en pensant, pensant, pensant. Il faut laisser sa force resplendir dans toutes nos rencontres. Elle est le principe sous-jacent derrière toutes pensées, paroles et actions saines. Avec elle, nous avons une meilleure compréhension des besoins des autres, nous pouvons les aider sans hésitation et apprécier leurs succès chaleureusement. Pour vivre et travailler en harmonie avec chacun, cette amitié-bienveillance nous est nécessaire. Elle nous protège de la souffrance provoquée par la colère et la jalousie. En cultivant notre bienveillance, notre compassion, notre sympathie joyeuse pour les autres et notre équanimité, nous ne rendons pas seulement la vie plus agréable à ceux qui nous entourent, notre propre vie devient paisible et heureuse. Comme l'éclat du soleil, le pouvoir de la bienveillance est au-delà de toute mesure.

*Que tous ceux qui sont emprisonnés légalement ou illégalement, qui sont aux mains de la police où que ce soit dans le monde trouvent la paix et le bonheur. Puissent-ils être libres de l'avidité, de la colère, de l'aversion, de la haine, de la jalousie et de la peur. Puissent leurs corps et leurs esprits être emplis de pensées amicales et bienveillantes. Que la paix et la tranquillité de la bienveillance se répandent dans leurs corps et leurs esprits.*

*Que tous ceux qui sont hospitalisés, souffrant de multiples maux, trouvent la paix et le bonheur. Puissent-ils être libérés de la douleur, des afflictions, de la dépression, des déceptions, de l'anxiété et de la peur. Que ces pensées d'amicale bienveillance les pénètrent, les entourent tous. Puissent leurs esprits et leurs corps être pleins de pensées bienveillantes.*

*Que toutes les mères dans les douleurs de l'accouchement soient en paix et heureuses. Que chaque goutte de sang, chaque cellule, chaque atome, chaque molécule de leurs corps et leurs esprits soient gorgés de ces pensées bienveillantes.*

*Que tous les parents, pères ou mères, élevant seuls leurs enfants trouvent la paix et le bonheur. Puissent-ils avoir la patience, le courage, la compréhension et la détermination pour affronter et surmonter les difficultés, problèmes et échecs inévitables dans la vie. Puissent-ils être bien portants, heureux et en paix.*

*Que tous les enfants qui sont maltraités de multiples façons par les adultes trouvent la paix et le bonheur. Puissent-ils être emplis de pensées bienveillantes et compatissantes, être heureux du succès des autres et équanimes. Puissent-ils être aimables, détendus, tendres de cœur. Puissent leurs paroles être agréables aux autres. Puissent-ils être libérés de la peur, des tensions, de l'anxiété, des inquiétudes et de l'agitation.*

*Que tous les dirigeants soient aimables, bons, généreux et compatissants, compréhensifs envers les opprimés, envers tous ceux qui sont laissés-pour-compte, qui souffrent de discriminations. Puissent leurs cœurs s'attendrir devant les souffrances de leurs concitoyens malheureux. Que ces pensées de bienveillance les imprègnent et les animent. Que chaque cellule, chaque goutte de sang, chaque atome, chaque molécule de leurs corps et de leurs esprits soient emplis de bienveillance. Puissent la paix et la tranquillité de l'amitié-bienveillance se répandre dans tout leur être.*

*Que les laissés-pour-compte, les pauvres, ceux qui souffrent de discriminations, trouvent la paix et le bonheur. Puissent-ils être libérés de la souffrance, des afflictions, de la déception, de l'anxiété, de la peur et de la dépression. Que tous, dans toutes les directions, partout dans l'univers, soient bien portants, heureux et en paix. Puissent-ils avoir la patience, le courage, la compréhension et la détermination pour affronter et surmonter les difficultés, problèmes et échecs inévitables dans la vie. Puissent ces pensées d'amitié-bienveillance les étreindre et les protéger. Puissent leurs esprits et leurs corps être emplis de bienveillance.*

*Que tous les êtres aient l'esprit heureux, où qu'ils soient, quelle que soit leur forme – qu'ils aient deux jambes, quatre pattes, bien plus ou aucune –, qu'ils soient nés ou encore à naître, en ce monde ou dans le prochain. Puisse aucun être ne tromper quiconque ni mépriser qui que ce soit, où que ce soit ; ni souhaiter du mal à un autre par colère ou malveillance. Envers tous les êtres vivants, puissé-je cultiver un cœur illimité de bonté bienveillante, vers le haut, vers le bas et tout alentour, sans obstruction ; un cœur sans haine ni ressentiment. Puissent tous les êtres, être libérés de la souffrance et parvenir à la paix parfaite.*

L'amitié-bienveillance dépasse toutes les barrières religieuses, culturelles, géographiques, linguistiques ou nationales. C'est une loi universelle, ancestrale, qui nous relie tous les uns aux autres, quelle que soit la forme que nous puissions prendre. Elle devrait être pratiquée inconditionnellement. La douleur de mon ennemi est ma douleur. Sa colère, ma colère. Sa bienveillance, ma bienveillance. S'il est heureux, je suis heureux. S'il est en paix, je suis en paix. S'il est en bonne santé, je suis en bonne santé. De même que nous partageons la souffrance malgré nos différences, nous devrions partager notre amitié bienveillante avec tous, partout. Aucune nation ne peut subsister seule, sans l'aide et le support d'autres nations, ni une personne quelconque exister dans l'isolement. Pour survivre, nous avons besoin d'autres êtres vivants, des êtres qui sont forcément différents de nous. Les choses sont simplement ainsi. En raison même de nos différences, la pratique de l'amitié-bienveillance est absolument nécessaire. Elle est ce qui nous relie tous les uns aux autres.

# Index


**A**

Abharaja Kumara 265

Abhidhamma 17

acceptation, dans pratique 67, 163, 197, 216-217

agitation 31, 70, 113, 125-127, 136, 157, 182, 197, 213, 225, 275

Akkosina 271

Ananda 269

*anatta* 203, 205

Angulimala 255-256, 268

*anicca* 203, 205

anxiété 60, 148, 234, 257

*appamada,* Voir aussi Attention 206

ascétisme, éviter 124, 147-148

attachement, éviter en méditation 67, 184

attentes 66

Attention, Voir aussi conscience 248

- absence de soi, percevoir 53-55, 203-206, 239-240
- activité fondamentale, de 201-204
- analogie de l'éléphant 105
- analogie de l'eau sale 80-81, 117-119
- approche tantrique 52
- attention pure 198-199, 200-206
- bienveillance, développée conjointement 264-265, 272
- but de 33-37, 72, 200-203, 223-224, 234-237
- changement, conscience 199
- concentration, équilibrer avec 14-15, 51-52, 217-220
- concentration / Attention 210-220
- conditions, non limitée par 212-215, 219-220
- conscience sans égo 131, 198, 214-215
- conscience préconceptuelle 184-188, 195-196, 241-243
- désir, dissipé par 206-209
- distraction, traitée par 174-175, 177-178, 215-217
- douleur, sur 144-149

écouter, parler, avec Attention 77-78
effort requis 214
ego, extinction par 168-169, 239
ennui, Attention sur 234-236
ennui, Attention contre 154-155
états du mental, application 184-188
forcer 214
honnêteté, dans 76
haine, dissipée par 76, 78, 207
ignorance, dispersée par 76, 78
illumination, conduisant à 179, 207-209, 236
impermanence, voir à travers 203-206
inconscient, s'étendant à 184-185
insatisfaisant, percevoir 203-205
instant, consc. dans 198
léthargie, dispersée par 181
méditation, deviée par 55-57, 118-119, 267
moralité, naissant de 266-267
mouvements lents 219-220, 230-232
nature inclusive, de 215-217
nature préconceptuelle 195-196
nature sans soi 131, 198-199, 214
nature spontanée 239
objets, de 144, 147-148, 213-215
observation impartiale 196-199
observation participative 200
observation sans jugement 128-129
obstacles, dissipés par 206-209, 238-240
parler / écouter avec 78
patience, essence de 215-218
pensée-miroir 196
peur, dissipée par 155-157
présence consciente sans égo 131, 198, 215
présymbolique, conscience 198
problèmes, traiter par 141-142
pulsion sexuelle, dispersée par 207
sagesse, naissant de 213-216
souvenir, fonction de 201-203, 206-209
Tantrisme, approche 52
tension, opposée à 159-160
torpeur, dissipée par 162-163
vipassana, approche de 47-48, 53, 114-115, 131
Zen, approche de 52

attitudes favorables à la méditation 65-66, 112-116

aversion, Voir aussi obstacles 22, 59-60, 161-162, 181, 212-213

avidité 249
dissipée par 77-78, 91-92, 168-169, 179, 206-207, 261, 263, 274
dissipée par expérience impermanente 73-75
émotions nobles, envers 182-184
origine 69, 132-133, 238-239
pensées avides 103-104, 167-171, 179-180

**B**

bienveillance 131-139, 248
agir par 252
Bouddha, exemples 249, 252, 255, 261-263, 266, 269-272
capacité innée 255
compassion, cultivée par 136-139, 252-254, 256, 257, 258
colère, répondre par 249, 267-273
ennemis, envers les 136-139, 271-273

esprit paisible, nécessaire 249
liens créés 251-252
méditation, développée conjointement 250, 264
mère, analogie 136-138
moralité, cultiver par 266-267
obstacles, dissiper par 132, 249
purification, par 136-137, 250
récitations, moyen de 134-135
renforcer, pratique 254, 259-267
résistances 265
soi, envers 132-133, 249, 261
universaliser 132-136
universelle 273, 277

*Bhavana* 55

Bonheur 257, 264-265, 274-275

Bouddha « de pierre » 218

Bouddha Gautama
enseignements 15-17
non orthodoxe 57, 128

Buddhaghosa 17

Bouddhisme
empirisme 57, 203-204
foi 57, 203-204
Mahayana 15
non autoritaire 57
religions, théologies, comparaison 12
Tantra 52-53
Theravada 13, 15
Zen 15, 52

bruits, sons
comme distractions 120
observation en méditation 93, 188-192

buts de la pratique 79
absence de soi, perception 53-54, 91-92, 245-247
Attention 35-37, 201, 223, 235-236
bonheur, comme but 45
expérience quot. transform. 222
impermanence, perception 53-54, 91-93, 245-247
insatisfaction, perception 53-54, 91-93, 245-247
*jhana,* comme but 35-37
libération 15
présence attentive 72-74
quintuple nature de 79
viser trop haut 114
vision intérieure 35

**C**

chaleur, observation 92

changement, Voir aussi impermanence
Attention, conscience pure du 199
concentration momentanée 89-90
moment présent 81, 89-90, 242
nature incessante 22, 242
observer dans la conscience 16, 70, 89-90
observer dans l'expérience physique 16, 89-90
observer dans les phénomènes mentaux 16, 70, 89-90
observer dans la pratique respiratoire 16, 70, 89-90

Chemin de la liberté (Upatissa ) 17

Chemin de la purification (Buddhagosa) 17

Cinca 270-271

colère 77, 220, 267-273

compassion
bienveillance, cultiver 136-137, 252-254, 256, 257

méditation, naissant de 30
moralité, relation avec 41-42
pensée, compatissante 168
pitié, par différence de 253
sagesse, apparaissant par 41-42

concentration, Voir aussi Jhana / Samatha
analogie du fermier 88
analogie de la loupe 211
Attention, équilibrer avec 14, 51, 217-220
Attention, relation avec 72-74, 210-220
bouddhique, dans tradition 51
contemplation, dans la 50-51
distractions, surmonter 164-171
empêchements 213
facteurs constitutifs 41
hindoue, dans tradition 51
judéo-chrétienne, dans la tradition 50
malsaine 211
mental, distraction, retour sur objet 83-88, 106, 110-111, 114-115, 174-175
momentanée 88-91
nature forcée de 210
peur, apparaissant de 155-157
prière, comme moyen 50-51
processus mental, ralentir 104, 185
respiration, aide à 83-87, 164-167
signes de 87-89, 166
torpeur mentale, venant de 162

conceptualisation 187-190, 195-196, 241-242

confiance en soi 114

contemplation 48-49, 50-51

corps, Voir aussi douleur, posture
complexe corps / esprit 72-75, 95
identification, avec 145
immobilité, pendant la méditation 79-81, 96-97
observation, mouvements 235
observer, changement 16-17, 89-90

culpabilité 169-170

**D**

débutants,
épuisement 122-123
excitation, par des sensations inhabituelles 150
pensée discursive 110
respiration forcée 108-109
trop en faire 39-40, 124, 158-159

découragement 159

dépression 149, 197, 236

désir 180, 183, 213

détachement 61, 155-157

Devadatta 269

Dhamma 130

Dhammapada 28

discipline personnelle 126

distraction
cadre de référence 105
catégories 179-184
dissiper par l'Attention 174-175, 177-178
environnement, structurer 117, 120-124
félicité, comme distraction 184
observer 172-180, 184
techniques pour traiter 164-186
douleur 144-149

absence de soi, de 147, 187
Attention à 145-146
ascétisme, éviter 124, 148
observer en méditation 141-150
plaisir / douleur, relation 140
réaction de résistance 145-146
réduire, par vêtements 97-145
posture 96, 98-101, 145-146
par détente 146-147
souffrance, différence de 143

doute 182-183, 213

*dukkha* 203, 244

**E**

écouter, parler, avec Attention 78

effort 66, 118, 158, 214, 218, 219, 255

ego, Voir aussi soi
extinction par l'Attention 131, 168-169, 239
obstacles, nés de 46-47, 132, 133, 238
pensée, relation avec 50-51
pratiques tantriques 52-53
séparation, sens de 238-239

égoïsme 46-47, 78, 215-216

éléments, percevoir 91-93

émotions, Voir aussi phénomènes mentaux
négatives, annuler par 167-170
observer, pendant la méditation 74, 94, 159-160, 169, 196-197

énergie, nécessaire dans la méditation 131

ennui 70, 154-155, 188, 217, 234, 236

équanimité 252, 254, 257, 273

enseignant, rôle 16

états sublimes 252-254

éthique 43-44

extase 15, 35, 45, 141, 184

**F**

facteurs mentaux, universels 74

félicité, Voir extase

foi 31, 57, 88, 203-204

forcer 118, 210

**G**

générosité 168-170, 257

**H**

haine
Attention, dispersion par 76, 207
bienveillance, dispersion par 131-135
envers soi-même 133
origine 69, 132-133
pensée, dispersion par 168-169
pensées haineuses 168-169
soi, envers 133

Hindouisme 51

**I**

ignorance 70-74, 77, 245-247

ignorer, habitude de 58-59

immobilité 79-80, 96-97

impermanence, Voir aussi changement
Attention, percevoir par 203-205
but, perception de 53-54, 91-92, 245-246
corps 57-59, 74-75
inhérente à l'existence 57-59

percevoir, par l'Attention 91-94
souffrance, en réaction 59-59

inconscient, devenant conscience 22, 118-119, 169-170, 174-175, 183-186

inquiétude 60, 70, 168, 183

insatisfaction, Voir aussi *dukkha*
inhérente, expérience humaine 18-22, 24
perception, par l'Attention 203-206
perception par la pratique respiratoire 203-205
perception comme but 53-55, 91-92, 245-247

introspection, attitude en méditation 53-54, 58, 68, 109-111, 141-142

intuition 31, 44, 233

**J**

jalousie 69-70

*jhana*, Voir aussi concentration 35, 37, 39

joie, par sympathie 252-254

**L**

libération 15

léthargie, Voir aussi somnolence 181-182, 212-213

**M**

Mahayana 15

mains, position en méditation 99, 101, 145

méditation
analogie de l'éléphant 105
analogie du champ 30
attitudes favorables 65-71, 113-116
bon sens, nécessaire 18-19
bouddhique 51-54
but 31
contemplation, comparaison 47-48, 50-51
durée, assise 80, 124-127, 225
durée, pour résultats 48, 62-64
énergie nécessaire 131
environnement, choix 120-121
groupe, pratiquer en 121
hindoue 51
judéo-chrétienne 50
marche méditative 225-229
mécompréhension 35-49
organisation 117-119, 121-124, 152-153
résistance, surmonter 161-162
sagesse, facteur 41
transformation personnelle 31, 62-64

mémoire 93, 155-157, 188-189, 206

mental, Voir aussi phénomènes mentaux
analogie de l'eau boueuse 80, 117-119
complexe corps / esprit 72-76, 95
conceptualisation, arrêt en méditation 184-189
détendre 146-147
discipliner 26, 40-43
distractions, observation 172-174
distractions, retour à l'objet 83-88, 105, 110-111, 114-116
états positifs, attachement 189, 191-192
événements, série 65
inconscient devenant conscience 22, 118-119, 155-157, 169-170, 175, 185-186

mental, folie 111
mental-singe 111-113
obscurcissement 112
pensée 60-61, 90, 93-94, 103-105, 184-186
purification 29, 72-73, 79, 136
tranquillité 14
torpeur mentale 162-163

*metta,* Voir aussi bienveillance 248-277

*mitra,* Voir aussi bienveillance 254

moment présent
Attention, conscience du 198
changement, inhérent dans 81, 91, 242
observer, en méditation 81, 82, 90, 108-109, 115, 188, 189
pratique respiratoire, découvrir 82, 108-109, 115, 243
moralité
analogie du bain 41-43
Attention, naître de 266-267
bienveillance, cultiver par 137
compassion, relation 41
contrôle mental, prérequis 41, 42
éthique 43
habitude, comme 31
intuitive 44
méditation, naissant de 30, 40-41
méditation, prérequise pour 41-42
niveaux 43-44
préceptes, guides vers 266-267

mouvements lents 219, 230-232

**N**

*nibbana* 133, 247

noter, pendant la méditation 70, 82, 167, 175-176, 228, 230

**O**

objets d'attention
canon Pali 16
focaliser 81, 103-106
changements 93-94, 173-174, 189-192, 214-215

obstacles
Attention, dissipés par 206-207
bienveillance, dissipés par 132-133
catégories 179-183
à la concentration 212-213
impermanence, surmontés par l'expérience 73-74

orgueil 69-76

**P**

Pali, littérature 16-17

*passana* 55

patience 49, 67, 113-114, 126-127, 141-142, 215-218

pensée, Voir aussi mental
discursive, évitée en méditation 68, 110-112
ego, relation avec 51-53
expérience de 201-202
habile / malhabile 168
haineuse 168-169
libération de 241
observation en méditation 60-61, 90, 93-94, 103-105, 184-187
obsessionnelle 59-63, 103-104, 167-170
supprimer, par autre 167-170
voracité 103, 167-170, 179-180

peur, expérience en méditation 70, 113, 141, 155-157, 197

phénomènes mentaux, observation
attachement , états agréables 184, 191-192
changement 16, 90-91, 184, 242-243
concentration nécessaire 104-106
conceptualisation, moments de 195
conceptualisation, sans 187-190
conscience, elle-même 15-16, 70, 94
inconscient, devenant conscient 22, 118-119, 155-157, 169-170, 175, 185-186
mémoire 93, 128
ralentir, par concentration 104, 185
pensée 61, 91, 103-106, 185-186

pitié 253

posture 96-97, 98-101, 144-146, 229-230

prière 50-51

préceptes, guides de moralité 266-267

problèmes 68, 140-163

purification
bienveillance, par 136-137
bonheur, rôle dans 28-29
irritants psychiques, des 29, 136-137
méditation, moyen de 28-30
mentale 28-29, 72-73, 79, 136-137

**R**

Rancune 253, 264

réactions, observation 265, 270

réalité
construction, de 91, 94
vipassana, moyen de percevoir 12-15, 55-57, 68

récitations 128-129, 131, 134-137

rejet, comme obstacle 23, 37, 181

relaxation 35, 45-46, 96, 99, 145-146, 162

résistance à la méditation 161-162

respiration, pratique
abdomen, concentration sur 90
absence de soi, perception 93-94
analogie du menuisier 108
analogie de l'éléphant 105
analogie du fermier 89-89
analogie du gardien 87
Attention, développement 72-73, 91-92, 232-233
calme, expérience 83, 93, 113
chaleur, observation 92
changement de conscience, observation 15-16, 69-70, 91
changement, expérience mentale, observation 15-16, 91
changement, expérience physique, observation 15-16, 91
concentration, aides par la respiration 83-88, 166-167
compter, respiration 84-86, 166-167
contrôle, respiration 106-108, 108-109, 152, 166
éléments, perception par 92
évasion mentale, ramener l'Attention 83-88, 105, 110, 115, 174-175
fixer, mental sur 86
impermanence, percevoir 92-93, 94
insatisfaction, percevoir 92-93, 94

interrelation, percevoir 69-70, 107
investigation, attitude 110-111
joindre, inspir-expir 86
légèreté, expérience 87
torpeur mentale 112
moment présent, découvrir 81, 107, 115, 241
passage de l'air, suivre 108
pauses, éliminer 86
pauses, observer 82
pensées discursives, éviter 110-112
pointe du nez, focaliser 82, 86, 107-108
poitrine, focaliser 91-92
remarquer, phénomènes 82
respiration, demeure de base 93-94, 105-107
respiration, durée 82
respiration, fascination dans 110
respiration normale 81-82, 109-110
respiration subtile 87-88
respiration, trouver 108
résolution 115
rythme, observer 92-93
*satipatthana sutta,* explication 102
signes, expérience 87-88
universalité, conscience de 69, 107

rituels 128-129

**S**

sagesse 30, 41, 73, 77, 168, 207, 214-215

saisir 22-23, 67, 132, 174-175, 244

*samadhi,* Voir aussi concentration 112

*samatha,* Voir aussi concentration 14, 15

sangha 131

Sariputta 78

*Sati*, Voir aussi Attention 112, 194, 198, 206

*satipatthana sutta* 53, 102

sensations (émotives), Voir émotions 265, 273

sensation (physique), observation 73, 150

sexuelles, pulsions, expérience 70, 74, 168-169

soi, Voir aussi ego
comparer, autres 69
construction 61-64, 187-188, 245-246
mal, naissant de 61-62
ignorance, naissant de 74

somnolence, en méditation 150-152, 181-182

souffrance
causes 22-24, 56-57, 59-60, 138-139, 187-188, 243-244
cessation 25-26, 62-64, 73-76, 215-216, 222-223
douleur, différence 143
inhérente à l'expérience 19-22, 24, 243-245

structurer, méditation 117-119, 121-124, 152

suttas 17

**T**

Tantra 52-53

technique douce 53

temps
distractions, évaluer durée 164-

165
durée, assise 80, 124-127, 225-226
expérience, comme concept 241
nécessaire, pour résultats 48-49, 63-64
structurer, pratique 117-119, 121-124, 152

Théravada, bouddhisme 13-15

Tipitaka 17

torpeur 162

trance 36-37

transformation, par la méditation 31, 62-64, 222

**U**

universalité, conscience de 69-71, 107

Upatissa 17

**V**

verbalisation, en méditation 82, 166-167, 175-176, 228, 230

vêtements, pour la méditation 97-98, 145

vie quotidienne
but de la pratique 201, 223-224
coordination, respiration 232-233
concentration sur les activités 234-237
méditation assise, rôle 221-223
méditation en marchant 225-229
méditation spontanée 222-223
moments perdus, utiliser 233
mouvements, Attention sur 230-232
posture, Attention sur 230-232

*Vimuttimagga* (Upatissa) 17

Vinaya 17

*vipassana bhavana* 55

*vipassana* (le mot) 53

vipassana, nature expérimentale 53-58, 62-64, 68, 241-245

*Vissudhimagga* (Buddhaghosa) 17

vision intérieure, méditation 11-15

**Y**

yeux fermés, en méditation 80

**Z**

Zen 15, 52

Pour l'éditeur, le principe est d'utiliser des papiers composés de fibres naturelles renouvelables, recyclables et fabriquées à partir de bois issus de forêts qui adoptent un système d'aménagement durable. En outre, l'éditeur attend de ses fournisseurs de papier qu'ils s'inscrivent dans une démarche de certification environnementale reconnue.

Achevé d'imprimer en Espagne par Liberdúplex en octobre 2020
Pour le compte des Éditions Marabout (Hachette Livre)
58, rue Jean Bleuzen, 92178 Vanves Cedex
Dépôt légal: juillet 2019
ISBN: 978-2-501-14151-2
6495399 - Ed.02